福田和也

fukuda kazuya

19-20世紀篇

世界大富豪列伝

草思社

はじめに

十九世紀〜二十世紀は戦争の世紀であり、エネルギー革命の世紀であった。

十八世紀後半以降の啓蒙主義からブルジョア革命にいたる流れと、蒸気機関等の発明による拡充は、プロテスタント諸国下の植民地に、新しい政治制度と産業革命のダイナミズムとを直接的にもたらし、大飛躍を可能にした。その最も目覚ましい成功例がアメリカ合衆国であることは言うまでもない。

ブルジョア革命の波は、その震源地であるフランスよりも、カルヴァン派に代表されるように、もともと共和的下地を持っていたプロテスタント諸国の活力を増した。特に海軍力の充実と植民地の経済的なポテンシャルを最大限に活用したイギリスの伸長は目覚ましく、十九世紀半ばにはほぼ全世界的な覇権を実現するにいたった。

第一世界大戦は海上覇権の下での帝国主義体制の主導権をめぐる戦争だった。

イギリスはぎりぎりのところで勝ちを拾ったが、世界覇権国としての地位を失い、代わって台頭してきたのがアメリカであった。アメリカはまず世界の金融を掌握したが、それだけでは十分ではなかった。

第一次世界大戦で潰し残したイギリスの世界覇権システムを完全に破壊して新しい世界を作り、そこにアメリカが君臨するため、第二次世界大戦は起こされたと考えていいだろう。

蒸気機関の普及にともない、十九世紀には石炭が燃料の中心となって近代社会が作り上げられたが、二十世紀に入ると、より高いエネルギー効率を持つ石油が石炭にとって代わり、第二次世界大戦後、その利用は急速に広がった。

この本で取り上げた大富豪は、こうした時代の大きなうねりの中にチャンスを見出し、自らの才能で巨万の富を築き上げた人々である。

一体彼らはその富に見合った人生を送れたのだろうか。

分限者《ぶげんしゃ》という言葉がある。

今ではほとんど使われなくなり、どこかの地方の方言だと思っている人もいるようだが、江戸時代から使われている正当な日本語である。

「金持ち」、「富豪」という意味で使われるが、そもそもは、「自分の身分がどれくらいで、どれくらいの金が使えるのか限度を知っている者」である。

金を稼ぐのにはもちろん才能が必要だが、金を使うのにもまた才能が必要だ。もしかしたら、稼ぐよりも使うことのほうが難しいかもしれない。

金をいかに稼いだかよりも、金をいかに使ったか、そちらのほうにこそ、その人間の人間性は色濃く出ているように思う。

世界大富豪列伝　19-20世紀篇

目次

20-21世紀篇

松下幸之助／ベーブ・ルース／藤山愛一郎／
是川銀蔵／エンツォ・フェラーリ／上田清次郎／
林芙美子／本田宗一郎／安藤百福／麻生太賀吉／
田中角栄／力道山／アンディ・ウォーホル／藤山寛美／
オードリー・ヘプバーン／勝新太郎／福富太郎／
エルヴィス・プレスリー／大塚明彦／ドナルド・トランプ／
アルワリード・ビン・タラール王子

世界大富豪列伝　19-20世紀篇

アルフレート・クルップ

Alfred Krupp

1812-1887

二十世紀に書かれた戯曲のなかで、最も上演回数が多いのは、イヨネスコの『授業』、サミュエル・ベケットの『ゴドーを待ちながら』、そして三島由紀夫の『サド侯爵夫人』である。いずれも、コンパクトでありながら、光彩陸離とした作品で、手練れの玄人から、アマチュアの好事家までが舞台にかけられる作品に仕上がっている。

『サド侯爵夫人』は、女性ばかりの芝居で（女装した男優ばかりという演出もあったけれど）、男ばかりの芝居として、三島由紀夫は、『わが友ヒットラー』を書いている。

『わが友ヒットラー』は、ヒトラーによる突撃隊粛清事件、いわゆる「長いナイフの夜」を背景としている。

この事件は、ルキノ・ヴィスコンティの映画『地獄に堕ちた勇者ども』にも用いられていて、鉄鋼メーカーとして、ドイツを代表する軍需産業の内紛、相克を克明に描いている。

この軍需産業のモデルとされているのが、クルップ商会である。

一八一一年、フリードリヒ・クルップは、ルール地方のエッセンに、クルップ商会を創設した。

当時の事業は、鋳鋼が、その中心だった。

それから、今日までの約二百年間、クルップ社は製鉄のみならず、ヨーロッパを代表する軍需メーカーとして君臨している。

すでに早々と近代国家としての骨格を確立していたフランスやイギリスの後塵を拝しながら、周回遅れの帝国主義として国際社会にデビューしたドイツにとって、軍需は、決定的な要素となっていた。

早くから、植民地を、世界各地に抱えていた、イギリス、フランス、スペインなどと違い、ドイツはもともと、小領主の結合体であり、明確な国家としてのプロフィールを備えたのは、普仏戦争以降のことだったのである。

プロイセンの宰相ビスマルクは、スペイン国王選出問題を利用してフランスを開戦へと挑発し、フランスに戦争の口火を切らせ、開戦後、二ヵ月で、ナポレオン三世を、フランスの北東部、セダンで包囲し降伏させた。

普仏戦争で、ドイツは領邦国家から自立した国民国家に脱皮したのである。

クルップ商会は、この普仏戦争で、大いに、国家に貢献した。

大量のクルップ砲と、弾薬を前線に素早く供給し、従来の、ナポレオン時代から踏襲されていた軍隊の移動を、鉄道により大幅に短縮した。

ちなみに、若き哲学者、フリードリヒ・ニーチェも、祖国ドイツの独立のために、前線に赴いた。

けれども、哲学者は、戦争の実際、前線の混乱と無軌道、殺戮と破壊に大きな衝撃を受け、以後、徹底的な平和主義者になり、ドイツ軍国主義に対して、強い批判を抱き続けた。

クルップ商会の事実上の創始者、アルフレート・クルップは、辛酸を嘗めた人物である。

十三歳で、学業を諦め、十四歳の時に父を失った。

破産同様の状況で、当時、工員は七人しかいなかった。

父の死後、文字に明るくなかった母、テレーゼに代わって、得意先に挨拶状を配ったという。

「夫が亡くなりましても、事業にはまったく支障はございません。夫は息子に鋳鋼の秘訣を伝授いたしました。夫の闘病中、息子は独力で工場を経営しております。今後は、私も、息子を助けて、家業を守りたく、存じております」

当時、ドイツは、三十九の小邦に分裂していた。

ドイツ諸国の中で、最も秀でていたプロイセンは、農奴制の撤廃、ギルドの廃止を行い、ついで六十項目に及ぶ国内関税を廃止し、北ドイツ関税同盟を結成した。

同盟結成を機に、クルップは十二週間に及ぶ、大旅行に乗りだした。

圧延機や鋼材といった見本を馬車に積み込み、ドイツ全土を周遊しながら、各地で注文を受けつけたのである。

強行軍のため、ミュンヘンとベルリンで床についたが、こなし切れないほどの注文を得た。

そこから、クルップ商会の飛躍が始まった。

当時、工業の現場で、主要な動力は水であった。しかし、水力では、天候などの要因で、常に一定の動力を維持することは難しい。そこで、クルップ商会は、思い切って、工場に蒸気機関を設置したのである。

蒸気機関の効力は絶大だった。

当初、一台だった機関は、すぐに四台に増えた。

蒸気機関は、ハンマーを繰り出し、ピストンを上下させ、休みなく働いた。その発達は、旧来の工程を駆逐した。

アルフレートは、少年時代からの夢だった馬を飼い、馬車も手にいれた。

∴

一八三八年、アルフレートは、初めての国外旅行に赴いた。

パリでアルフレートは、金鍍金《きんめっき》工場や金細工師などから、大量の注文を受けた。予想以上の注文を獲得し、一日中、発注のための書類を整えた。

そして、目的の地、イギリスに着いた。

アルフレートは、イギリスではシュロップと名乗っていた。産業スパイの隠れ蓑という訳である。

一八四八年は、近代史上、画期的な年だった。

一月、カリフォルニアで金鉱が発見され、アメリカは、メキシコからカリフォルニアを割譲させ自国領にした。

アルフレートは、この七月、ボンからケルンに至る鉄道のために、初めて機関車用の車軸を納品した。

クルップ社への注文は二万ターレルに及ぶ、莫大なものだった。

従来から主力商品だった、硬貨や食器の製造機も、順調に受注額を増やしていた。

一八四九年、ついに兵器の生産に進出した。

テーゲル試射場での実験は、好成績を上げたが、参謀たちは採用を見送った。クルップは憤ったが、応報の機会は、すぐに与えられた。しかも、それは、願ってもない大舞台だったのである。

ロンドンでの、第一回万国博覧会である。

イギリスは、世界帝国の矜持をかけて、工業製品はもとより、帝国の豊かな風物や財宝を陳列した。

ところが、観客の耳目を集めたのは、クルップ社の製品だった。

鋼鉄の砲身をもつ六ポンド砲は、特殊鋼による胸甲が装備されており、当時の歩兵銃では、まったく歯が立たない代物だった。

開会して約半年後、クルップは第二の展示品を会場に持ち込んだ。総重量二トンの、鋼《はがね》の塊だった。二トンの鋼塊を製造できる工場は、当時、世界に存在しなかった。

クルップは、金賞を獲得し、ビクトリア女王から懇《ねんご》ろな褒詞を受ける名誉に浴した。得たのは名誉だけではなかった。十五万三千ターレル相当の手形を手にして、クルップは、エッセンに帰郷したのである。

工場の労働者は倍増した。

クルップは、鉄道に目をつけた。

すでにヨーロッパは、鉄道の時代に足を踏み入れていたが、課題もまた、多かった。

鉄鋼製のレールは製造できたものの、軟鉄で製造した車輪は早々に摩滅してしまうし、硬鉄を用いるとレールに罅《ひび》が入る。

試行錯誤の後、継ぎ目なし車輪の製造に成功した。

『シベリア』と労働者たちに仇名されていた、巨大な旋盤を据えつけることで、難題を解決したのである。

さらに、ケルンの汽船会社からも注文が来た。ライン川を航行する二隻の汽船、『ストラスブルク』と『プリンツ・フォン・プロイセン』の、巨大な外輪軸の製造を依頼されたのである。

外輪軸を製造するためには、巨大な蒸気ハンマーが必要だった。ハンマーはシュテルクラーデの製鉄所で造られたが、エッセンまでの移動は大事になった。ハンマーを分解し、馬で引いた。

オーベルハウゼン城付近が、一番の難所だった。近くの橋に、支柱をとりつけ、工場労働者たちが綱を引いた。

一八五二年七月、最初の鋼塊がハンマーの鉄床に載せられた。六フィートの高さから打ち込みが始まり、灼熱の鉄屑が飛びちった。外輪軸は、無事、製造された。

一八五三年五月十九日、アルフレートは、結婚した。四十一歳だった。

妻となった女性、ベルタ・アイヒホッフは、二十歳。退職した税関吏の娘で、「ケルンの名花」と呼ばれた美女である。

アルフレートは、ケルンの劇場でベルタを見初めた。

彼一流の流儀で、ベルタの一家に接近し、数日の間に、婚約にこぎつけた。

婚礼は、豪勢だった。

婚約パーティには、工場の職員、工員すべてはもとより、知人、友人、ほとんど無縁な人までが招待に与《あずか》った。

松明《たいまつ》行列があり、合唱団は祝賀の歌を捧げ、呑めや歌えやの宴が続いた。

式を挙げた二人は、ライン川に新婚旅行に赴いた。

婚礼はかくも壮麗だったが、アルフレートは、さほど妻との生活を楽しむことはなかった。

結婚して間もなく、エッセンで当時、高名だったヴァイオリニスト、ウイルヘルミィ（ワーグナーの編曲でも定評があった）の、コンサートが催されることになった。

ベルタは、夫に一緒に行ってほしいと頼んだが、夫は断った。

蒸気機関の調子が心配だし、煙突も煤《すす》がいつもより多い……。

「明日になって、ハンマーの調子が上がれば、世界中のヴァイオリンを集めたよりも美しい、槌音を、お前も聞くことができるだろうよ」

とはいえ、アルフレートは、妻に対して冷淡だったというわけではない。工場の中に庭園と「田園亭」という四阿《あずまや》を、造ってやった。庭園には孔雀が放たれ、睡蓮の池もあった。

残念ながら、孔雀は轟音からのショックのためか、美しい羽をなくし、睡蓮の水面は、いつも激しく波だっていたけれど。

一八五四年二月十七日、ベルタは、アルフレートの後嗣を産んだ。

長子は、フリードリヒと名づけられた。

フリッツという愛称で呼ばれた少年は、後に父の衣鉢《いはつ》を継いで、大クルップ帝国を造りあげることになる。


一八八七年、アルフレート・クルップは、七十五歳で死去した。

七人の職人を従え、十四歳から鉄鋼業の最先端で活躍してきたアルフレートは、ヨーロッパ最大の重工業会社の始祖として、その人生をしめくくったのである。

アルフレートは、自分の葬礼のプログラムをあらかじめ遺言とともに作っていた。

死後三日目の夕方に葬儀を行う。

遺骸は「丘の別荘」から松明行列を供にしてエッセンの工場に移し、工場発祥の地に一旦、安置した後に、墓地に運ぶ。

皇帝の名代、帝国を支える文武の官僚たち、会社の経営陣、二万人の労働者らが葬列に従った。

一人息子のフリードリヒが、跡を継いだ。三十三歳だった。

フリードリヒは、虚弱体質で線は細かったが、経営者としては非凡な才能をもっていた。彼は会社を継いで三年後には早くも装甲板の研究に着手したのである。

敵の装備よりも堅牢な装甲を施していれば、最終的に勝利を得ることができる。

火砲の大口径化、射程距離の長大化は、時代の趨勢であったが、その、肝心の火砲を守ることができるのは、装甲に他ならない。

もちろん、たとえば日露戦争の旅順のような長期にわたる陣地戦になると、砲自体を陣地化しなければならないが、当時のヨーロッパでは、クリミア戦争くらいしか、その戦訓はなく、特に欧州では、機動的な師団運用が、正当とされていたのである。

普仏戦争は、ある意味でクルップの戦争と呼ぶべきだろう。

細かく分割されていたドイツ諸邦を糾合し、プロイセンのホーエンツォレルン家をその盟主として、ドイツ帝国を建設したのである。

ナポレオン三世を撃ち砕き、プロイセンをドイツ帝国に再編したウィルヘルム一世は、一八八八年に逝去し、好戦的なウィルヘルム二世が即位した。

フリードリヒは、対英戦争を目論んでいた二世皇帝の意思に従い、海軍建設に協力した。

フランスからの賠償金を原資とし、さらに軍備は増進された。戦争は儲かる、というのがこの時期の、ドイツ国民——皇帝から庶民まで——の実感だったろう。

そうして、軍拡の先頭に立ったのが、クルップ社だったのである。

∴

フリードリヒは、四十八歳で没した。

未亡人のマルガレーテが、後継者となった長女ベルタの代行をしたが、その事業手腕は、夫よりも優れているほどだった。マルガレーテは、クルップ商会を株式会社化し、フリードリヒ・クルップ社を発足させた。

最大株主は、ドイツ皇帝ウィルヘルム二世だった。

一九〇六年、ベルタと結婚したグスタフ・クルップがUボートと称する潜水艦建造にのり出した時には、皇帝は百万ドル相当の助成金を与えたという。

すでに、近代潜水艦の父と呼ばれたジョン・フィリップ・ホランドにより、軍事的に実用可能な潜水艦が建造されていた。

潜水艦ホランド号は、ガソリンエンジンと電気モーターを直結した機関を備え、内燃機関を装備していた。

ホランド号の就役以降、世界各国が潜水艦の研究を始めた。そして潜水艦こそが、海戦の雌雄を決する兵器だという認識が、各国の軍事担当者に浸透したのである。

第一次世界大戦は、潜水艦の戦争であった、といっていいだろう。

ドイツは潜水艦を、巧みに運用した。

Uボートは、開戦直後の一九一四年九月、イギリスの巡洋艦三隻を撃沈し、以後、イギリスの貨客船を狙ったためイギリス経済は危機に瀕した。

けれど、ルシタニア号撃沈により形勢は一変した。ルシタニア号にはアメリカ人が多数、乗船していたのである。

当時、中立国であった米国の参戦を恐れたドイツ帝国は、ルシタニア事件後、英国船舶への攻撃については消極的になり、その戦果は減少していった。

一方、陸ではクルップ社製の四十二センチ砲「ベルタ」（戦艦大和の主砲より四センチ小さい）が、フランス軍の陣地に巨弾を送り込んだ。

さらにクルップ社の、七十六マイルの遠方からパリ市内を砲撃した超長距離砲は、火器の極北とも呼ぶべき、怪物的な破壊力を見せつけたのである。

しかし、第一次世界大戦は、ドイツの敗北に終った。

グスタフ・クルップは戦争犯罪人として一時、逮捕された。兵器の生産は禁止され、賠償として多くの工作機等が持ち去られた。

一九三三年一月、アドルフ・ヒトラーが政権を掌握した。グスタフは、ヒトラーに全面的な協力を申し出たという。

グスタフは、ドイツ中央経済会議の議長となり、長男アルフリートは、国防経済総裁のポストについた。

しかし、結局、第二次世界大戦でも敗戦はまぬがれなかった。病床に伏せていたグスタフの代わりに、アルフリートと十一人の幹部が、戦犯として逮捕され、国際軍事法廷で禁固十二年の判決を受けた。

クルップの所有していた工場は、生産能力の三分の一を失っていた。

焼け残った生産設備は、ソビエトとイギリスが、自国にもちかえった。

つまるところ、ほぼすべての生産設備をクルップ社は失ったのである。

けれど冷戦により風向きが変わった。

一九五一年、米国はアルフリート以下、クルップ家を恩赦し、財産没収を解除した。

以後、クルップ社は、軍需産業に関わることはなく、鉄鋼、プラント、造船、機械エンジニアリングを中心にした事業を展開し、発展。現在に至っている。

アルフレッド・ノーベル

Alfred Bernhard Nobel

1833-1896

日本で最初にノーベル賞を受賞したのは湯川秀樹である。

一九三二年、イギリスの物理学者、ジェームズ・チャドウィックによって中性子が発見され、原子核が陽子と中性子から成ることが明らかになったが、陽子と中性子を結びつけているものが何であるかが問題になった。

湯川は三五年にこの二つを結びつける中間子の存在を予言し、それが四七年、実際に発見されたことから、ノーベル物理科学賞を受賞した。一九四九年のことである。

この受賞が敗戦によって自信を喪失し、苦境にあえいでいた日本国民をどれだけ勇気づけたかは想像に難くない。

新聞はこぞって「全世界的に最大の名誉」と湯川の偉業を讃え、その年の十二月二日の国会では、「一九四九年度のノーベル賞受賞者として、日本最初の栄誉を獲得した理論物理学者湯川秀樹理学博士の功績に対し院議をもつて感謝の意を表する」と、感謝決議がされた。

当時のノーベル賞のプレステージの高さが窺えるが、あれから七十二年が経った現在においてもその高さはまったく変わっていない。

一八九六年、アルフレッド・ノーベルが六十三歳で死去した際、二十日後に開封された遺書によると、三人の甥が相続する財産は百万クローネ以下におさえられていた。

ノーベルは自分の財産の大半、約三千百万クローネをあてて、物理学、化学、生理・医学と、文学と平和に対する貢献を讃える賞を設けるよう遺言した。

ダイナマイトを発明し、巨万の富を築いたノーベルの寄託は、まさしく「爆弾」的な衝撃をもたらした。「賞」というポトラッチ的な贈与が、世界史を動かしたということは、極めて興味深い一幕として記憶されるだろう。

∴

村上春樹のノーベル文学賞受賞が期待されるようになって、もう何年になるだろう。

発表の日には、新聞社は「村上春樹ノーベル文学賞受賞！」の記事を、出版社は大増刷を、書店は専用の棚を用意し、ハルキストたちはカフェに集まってテレビの報道を待つということが続いているが、その期待は毎年見事に裏切られている。

ノーベル賞のアカデミーは村上春樹にノーベル文学賞を獲らせたくない何か理由でもあるのだろうか。

二〇一八年には選考機関関係者のセクハラ不祥事で、ノーベル文学賞が見送られるという前代未聞の事件が起きたが、この時、ノーベル文学賞に代わる「ニューアカデミー文学賞」がにわかに創設され、村上春樹が候補となったが、彼は「メディアからの注目を避けて執筆に専念したい」という理由で辞退した。

当たり前だ。

そんな賞をもらってしまったら、ノーベル文学賞は永遠に獲れなくなってしまう。

文学賞の選考には性別や国籍などが考慮されるといわれる。

二〇一二年に中国人の莫言《ばくげん》が、二〇一七年には日系イギリス人のカズオ・イシグロが受賞しているので、アジア人、日本人の受賞者はしばらく出ないという見方もある。

一方、理系の賞は、地域性などを勘案することはない。科学的に検証された事実に添って、評価が定まる。

文学賞や平和賞は、その辺りの匙加減については、かなり微妙なものがある、と言わざるを得ない。

∴

日本で最初のノーベル文学賞受賞者は、川端康成だった。

川端は、おそらく、あらゆる文学賞受賞者のなかで一番奔放な――ヘミングウェイやフォークナー、クヌート・ハムスンといった面々と較べても、比較にならないほどの畏怖を払われるべき――作家であるといえるだろう。

何しろ、ノーベル賞の受賞が決まると、すぐに賞金をあてにして、ルノワールやドガ、速水《はやみ》御舟《ぎょしゅう》らの絵画、北宋の汝窯《じょよう》の磁器といった逸品を買いまくって足を出したというのだから。

逗子マリーナで自殺した時にも、遺言を残すわけでなく、岡本かの子全集の推薦文を途中まで書いて、万年筆のキャップを外したまま、ガス管を咥《くわ》えて亡くなった。

この辺り、弟子である三島由紀夫とはかなり違う。

農務官僚の息子として生まれた三島は、父のルサンチマンを背負って、大蔵官僚になり、許されて作家生活に入った後も、刻苦勉励に努めた。奔放に振る舞うポーズをとりながら、実は濃やかな配慮を忘れない。

三島は、川端について「この人は、時間が惜しくはないいんだろうか」と、思ったそうだ。

何しろ、当時、川端の家は、千客万来。

慈善財団の頭株とか、骨董屋、画商、芸者、ホステス、歌舞伎役者、政治家の秘書といった有象無象が跳梁している。

川端は、平気でその有様を睥睨《へいげい》して、何とも思っていない。

強面を装いつつも、実はまっとうな常識人だった三島には、到底理解できない存在だったろう。

巷間《こうかん》、一部のメディア関係者の中で、本当は、川端ではなく、三島がノーベル文学賞を獲ることになっていたのに、無理矢理、川端が受賞するように、手を回した、という説が流布したことがあった。

実際、アメリカでも、三島の作品は、売れていた。もしも彼が受賞していたら、英語も堪能だったから、国際的な活躍も、十分、期待できたろうし、本人も楽になって自裁などしなかったかもしれない。

∴

ノーベル各賞のなかで、最も毀誉褒貶《きよほうへん》が激しいのが、平和賞だろう。なぜ、こんな人物が、と思われるような受賞者もいるからだ。

一九七四年に受賞した佐藤栄作もその一人だ。

日本人としては五人目のノーベル賞受賞者、そしてアジアでは（辞退者を除けば）初の平和賞受賞になったわけだが、当時、中学二年生だった私は、どうにも腑に落ちない思いだった。

何で、佐藤が……そんな国際的栄誉を受ける資格が、あるのだろうか。たしかに、七年八ヵ月にわたって政権を担い、経済成長を推し進めた功績はあるのだろうが。

後任の田中角栄が、強いキャラクターの持ち主だったことも、影が薄くなる一因だったかもしれない。

天下の大秀才にして、恐るべき財政家だった岸信介の弟というポジションも、かなり居心地が悪かったと思う。

その地味さを武器にして、人心を掌握して、安全運転を心がけたところに、底光のするような魅力があったのかもしれないが。

さて、佐藤の受賞の理由は、非核三原則――持たず、作らず、持ち込ませず――の声明や、小笠原返還協定、核不拡散条約調印、「核抜き本土並み」沖縄返還協定を実現させたこと、になっている。

一連の施策が、太平洋の地域の平和、安定に貢献したとして、ノルウェー・ノーベル委員会のアーセ・リオネス女史（ノルウェー下院議長）に評価され、受賞にこぎつけた。

前年に、平和賞を贈られた北ベトナムの政治家、レ・ドク・トは辞退した。

当時、国内では、なぜ佐藤なのか、という議論がかなりあったが、国際社会は日本が唯一の被爆国であり、だからこそ、核不拡散を国是としていることを好意的に受けとったのだろう。

受賞に至るまでには、さまざまな推薦や運動があったとも噂されている。それでも佐藤の受賞は、戦後日本の国際的地位をゆるがぬものにした、と評価することはできる。

佐藤は受賞演説で、賞金の半額を国連大学に寄付すると述べた。

∴

アルフレッド・ノーベルは、一八三三年、ストックホルムで生まれた。四人兄弟の三番目の息子である。

父親のイマニュエルは、独学で工学を身につけて、事業で成功を収めたが、ストックホルムで始めた建設業がうまく行かず、破産の憂き目にあった。

ストックホルムでの事業に見切りをつけた父親は、サンクトペテルブルクに移ると、ロシア政府の高官とコネクションを作ることに成功し、クリミア戦争に際しては、兵站《へいたん》をはじめとする軍のさまざまな物資を供給するようになった。

ロシアに移住した際、アルフレッド・ノーベルは九歳だった。

正規の学校教育を受ける機会がなく、約一年しか通学できなかったが、家庭教師がつけられ、兄たちとともにエンジニアになる訓練を受けながら、化学の研究に邁進した。

アルフレッドは、何事も呑み込みが早く、十七歳で、五ヵ国語を操ることができたという。当時の彼は、周囲から、早熟で聡明だが、孤独を好む性格だと見られていた。

一八五〇年代初頭にドイツ、フランス、イタリア、北アメリカと国外で過ごしている。

パリでは高名な化学者であるテオフィル＝ジュール・ペルーズの実験室で働いた。彼の実験室で、アルフレッドは、イタリア人研究者、アスカニオ・ソブレロと出会った。

ソブレロは、一八四六年に揮発性の油を発見し、ニトログリセリンと名づけた。その一滴をビーカーに入れ熱を加える実験を試みたところ、ビーカーが爆発し、見物人たちの顔や手に、ガラスの破片がつきささった。

一連の実験から、ソブレロはこの敏感すぎる液体は爆薬として使い物にならないと考えたが、ノーベルは、そう思わなかった。

ノーベルはこの揮発性油をケイ藻土に吸収させて安全に使用できるようにし、一八六三年に特許を取得した。のちに、ニトログリセリンを利用した自分の発明を「ダイナマイト」と名づけた。「力」を意味するギリシャ語の「dynamis」に由来する。

ダイナマイトを含めて、ノーベルが取得した特許は、生涯にわたって、三百五十五に及んだという。

ダイナマイトの発明により、土木技術の世界に革命が起こされた。

道路、トンネル、運河といった交通網はもとより、露天掘の鉱山なども、画期的な恩恵を被ったのである。

一八六八年二月、スウェーデン王立科学アカデミーの会員である化学者、クレメンス・ウルグレンは、レターステッド賞の選考委員会で、ニトログリセリンからダイナマイトを発明したとして、イマニュエルとアルフレッドの親子に、賞を与えることを提案した。

アカデミーはすぐさま承認した。

受賞者は金のメダルか、九百九十六クローネの賞金のいずれかを選ぶことになっていたが、父子は、メダルを選んだ。

メダルは当初、父の手許にあったが、没後、アルフレッドの手に渡った。

高名な探検家である、アドルフ・ノルデンショルドは、スウェーデン王立科学アカデミーに対して、ノーベルを入会させるべきだ、と献言し、一八八四年、ノーベルは入会の栄誉を受けることとなった。

ノーベルは、かなり昂奮したらしい。

ノルデンショルドに対して、自分は哀れな境遇におり、人里離れた淋しい村で、世捨て人として暮らし、誰にも看取られずに死ぬ運命だと思っていたのに、アカデミーに受け入れられて感激していると手紙を書いている。

ノーベルは一八七三年にパリのマラコフ通りの豪邸を購入したが、その後パリの郊外に実験室を移し、そこで暮らしていた。

アカデミーから認められたことはノーベルにとって新鮮な体験だった。

けれども、ノーベルがアカデミーの行事に積極的に参加することはほとんどなかった。

一八九三年、ノーベルは再び栄誉を受けた。

ウプサラ大学の創立三百周年の記念式典で同大学の名誉博士に選ばれたのである。

二度にわたる栄誉を受けて、ノーベルは、栄誉を得る側ではなく、栄誉を捧げる立場に興味を持つようになった。

彼の遺言はスウェーデン語で書かれ、銀行に保管されていた。

一八九六年十二月十日、ノーベルは脳溢血で倒れ、六十三歳で亡くなった。

五日後、遺言書が開封された。

以前の遺言書では、三百万クローネの財産を三人の甥が相続することになっていたのだが、最新の遺言書では、百万クローネ以下に減額されていた。

遺言では五つの賞が制定されることになっていた。物理学、化学、生理学もしくは医学、文学、平和である。

ノーベルは、二十年収入がなくても、研究を続けられるだけの賞金を受賞者に贈るように、アカデミーに求めている。

文学賞は、理想主義的な傾向をもった、文学で傑出した作品に対して与えられることになっていた。平和賞は常備軍の撲滅または削減、平和会議創設と普及に尽くした人物、または組織に与えられると定められた。

大倉喜八郎

Okura Kihachiro

1837-1928

東京都港区虎ノ門二丁目、アメリカ大使館のすぐ横に、ホテルオークラはある。通っている床屋がホテル内にあるので、毎月一度は足を運ぶのだが、入口から一歩ロビーに入ると、洗練された和の空間の広がりに、ほっとした気分になる。

昭和三十七年、日本の美をもって諸外国の貴賓を迎えるという理念のもとに建てられたこのホテルの敷地にはかつて、大倉財閥の創始者・大倉喜八郎の広壮な邸宅があった。

∴

大倉喜八郎は、越後国北蒲原郡新発田《しばた》の人である。

生年は天保八（一八三七）年。天保という年は元年に大久保利通、四年に木戸孝允《たかよし》、六年に坂本龍馬、十年には高杉晋作が生まれている。

明治維新という大変革の夜明け前。しかし、喜八郎の関心は国事へは向かわなかった。

裕福な商家の三男に生まれた喜八郎は、十六歳の時に父が、その翌年に母が亡くなったのを機に、安政元（一八五四）年、姉からもらった二十両をもって江戸に出た。

奉公先として選んだのが、麻布飯倉の両替商兼鰹節屋である。今でいうと、銀行が鰹節屋を兼業しているようなものだが、当時は珍しいことではなく、安田善次郎もまた両替商兼鰹節屋に奉公していたのだ。

江戸の両替相場は日本橋にあり、小僧たちはそこに行った帰りに、近くの角茶という店で茶飯を食べるのを楽しみにしていた。

小僧時代に知り合いともに大事業家となった二人は後年、「あの頃食べた角茶の茶飯の味は忘れられませんなあ」と懐かしがったという（『日本を創った男たち』北康利）。

奉公に入った喜八郎は毎日、朝起きてから夜寝るまで、休むことなく働いた。彼にとって、働くことは苦ではなく楽しみだった。

その甲斐あって、店に入って三年という早さで独立。下谷上野町に乾物を商う「大倉屋」を開いた。

その後十年間、乾物の商売で地道に稼いでいた喜八郎に転機が訪れる。

∴

慶応二（一八六六）年、開港したばかりの横浜に行った喜八郎は、大量の鉄砲が荷揚げされる様子を目にする。

その頃、討幕の動きが活発になり、幕府と薩長の間でいつ戦争が起きてもおかしくない状態だった。

「戦争になれば、武器が必要になる。そこには必ず商機がある」と、喜八郎は読んだ。

とはいえ、鉄砲は乾物とはけた違いに値が張る。簡単な商売ではない。しかし、喜八郎は臆さなかった。江戸に戻るとすぐ、八丁堀の鉄砲店に見習いに入った。

四ヵ月でおおよその鉄砲商いのこつを覚えると、それまで貯めこんだ二百両余りの金を全てつぎ込み、神田に「大倉屋鉄砲店」を開いた。慶応三年二月、二十九歳の時だった。

開業の翌年に戊辰戦争が勃発。全国から注文が殺到した。鉄砲の値は高く、現品を店頭に置くのは難しいため、注文が入ってから横浜に仕入れに出かけた。

たいていは急な注文で、出かけるのは夜中だった。現金を懐に、喜八郎は横浜に駕籠《かご》を飛ばした。当時はよく追いはぎが出たので、拳銃を二挺持った命がけだった。

夜が明けるころ横浜に着くと、一膳飯屋で朝食をすませてから商館に飛び込み、鉄砲を買いつけた。朝いちばんだから、品物は揃っているし、値も上がっていない。

寝る暇を持たない働きぶりで、百軒近くある同業者の先を越し、薩長側にも幕府側にも鉄砲を売り、喜八郎は儲けに儲けた。

∴

慶応四年五月十四日、官軍が上野の山を攻撃する前夜、喜八郎は突然彰義隊に連行された。大小を差した者たちに取り囲まれ、官軍に鉄砲を売り、こちらに売らないとはどういうことだと、責められた。死を覚悟した喜八郎はこう言い放った。

「……それには仔細があります。昨日も彰義隊から鉄砲を買いに来ました。また品物がございませぬといってお断りいたしました。それはなぜかというに、これまで彰義隊には鉄砲をたびたび納めましたが、いまだに代金を一文もくださりませぬ。横浜へ行って西洋人から鉄砲を買いまするときは、現金引換えでございます。それなのに金をくれないということでは商売になりませぬ。官軍は現金で買ってくれますから、商売をいたしますまでのことであります。……」(『大倉喜八郎の豪快なる生涯』砂川幸雄)

堂々とした発言に、彰義隊が「なるほど言うところに道理がある」と納得し、喜八郎は命が助かったうえに、その場で三百挺の鉄砲の現金取引を成立させたのである。

喜八郎自身が折に触れて周囲に語っていた有名なエピソードだが、息子の大倉雄二は眉唾だと言っている。

真偽はともかく、こうしたエピソードを信じさせてしまう力が喜八郎にはあった。
「商人にとっては儲けが命だ」という商人魂を貫いた喜八郎の成金人生は始まったばかりであった。

明治十一（一八七八）年、大倉喜八郎は赤坂葵町三番地に広大な土地の払下げを受けた。敷地七千九百坪の元前橋藩主・松平大和守の屋敷で、明治五年から工務省地理寮として使用されていた。

こうした払下げは国の方針によるものだった。主だった実業家に旧大名屋敷を与えて新政府財政の強力な後ろ盾にしようとしたのだ。

岩崎弥太郎には本郷湯島にあった桐野利秋の大邸宅が、安田善次郎には両国の田安邸が払下げられている。

この頃、喜八郎は鉄砲商いで儲けた金をもとに大倉組商会を創立し、海外貿易を始めており、さらに建築・土木事業にも進出して目覚ましい成功を収めていた。

明治八年には、三十七歳で二十歳年下の持田徳子と結婚。

徳子は日本橋橘町に住む持田とめの長女で、当時の女性にはめずらしく乗馬の趣味を持っていた。上野の不忍池の周囲に馬を走らせている姿を見た喜八郎が、「この娘こそ、自分の妻にふさわしい」と、見初めたのだ。

妻と生まれたばかりの娘三人で屋敷に移った喜八郎だったが、いささか広すぎたようだ。

「……夜小用を足すのに廊下で迷子になったり、風呂を浴びたあとどこかの部屋に入り込み、どの襖を開けても部屋また部屋、見たこともない畳廊下や便所が現れて、いい加減心細くなってきたところで赤子の泣き声にようやく見当をつけ、戻ってきたときにはくしゃみをしていたようなこともあって、とにかくばかばかしく広い屋敷に内心閉口する」（『鯰　大倉喜八郎』大倉雄二）

この家を得てから、喜八郎は大事業家としての体面を整え始める。執事以下、家令、家扶《かふ》、門番、庭師、車夫馬丁、奥女中、小間使い、料理番を雇い、夫人ともども言葉遣いも改め、上流の生活に慣れるよう努力した。

∴

赤坂に本邸をもった二年後の明治十三（一八八〇）年、今度は向島の河川敷を買い求め、三千坪を埋め立てて、豪壮な別荘を建てた。

この場所にはいわくがあった。明治七年、台湾出兵に必要な兵器以外の物資の全てを調達するという政府の仕事を引き受けた喜八郎は出発の前日に、見納めになるかもしれないと、向島墨田堤で花見を楽しんだのだった。

それが四月八日だったため、毎年その日には「感涙会」という園遊会がこの別荘で行われるようになった。

「これには福沢諭吉、渋沢栄一、益田孝、幸田露伴その他、官界、財界、文化人、各方面からの毎回二百名を越える名流紳士たちが午前十一時から参集した。（中略）食事には、たとえば、一流料亭の『八百善』の豪華弁当が出たり、広い庭園に並んだ模擬店で楽しんだりもした。『帝国ホテル』から出張したコックが、フランス料理を調理することもあった」（『大倉喜八郎の豪快なる生涯』）

商用で関西に行くことの多かった喜八郎は、神戸の安養寺山《あんようじ》と呼ばれる標高五十五メートルほどの丘の七千余坪の土地を買収し、十三棟の別荘を建てた。

この別荘は伊藤博文や松方正義も自由に使えるようになっていた。彼らのために別荘番が雇われ、仕出し屋からの食事を取り寄せ、副官や随員の宿の手配までしたという。

喜八郎の事業は順調だった。

長州藩出身で関西財界の重鎮・藤田伝三郎と組んで、日本最初の法人建設企業・日本土木会社を設立。施工した主要な工事は、皇居造営、帝国ホテル、歌舞伎座、日本赤十字社病院、工科大学本館など、百五件に及んだ。

第一回東京府・府会議員選挙で議員にも選出され、「芸妓《げいぎ》の税は三円にし、半玉《はんぎょく》は一円五十銭にすべし」という動議を提出して、「大倉粋議員」とからかわれる一幕もあった。

日清・日露戦争では、軍夫の供給、諸材料の調達、急設工事などを請け負い、巨利を手にした。

やがて庶民は「戦争ぶとり」していく喜八郎を目の敵にするようになり、「石ころ缶詰」などという噂が流れ始める。

戦地の皇軍兵士に石ころ入りの缶詰を送りつけ、濡れ手で粟の大儲けをしたというのだ。事実は輸送の途中でコソ泥が缶詰を盗み、空いたところに石を詰めたものが現地に届いてしまったのだが、この話は縁日の講談にもなって広まった。

ひどい中傷だが、喜八郎の普段の態度にも責任があった。

生活はいよいよ贅沢になり、自分ばかりでなく夫人や子供にも散財をさせ、それを世間にひけらかしていた。

豪奢な生活で世間の耳目を驚かすことが、自分の成功の証と考えていたようだ。

「彼は庶民を軽蔑していた。彼にいわせれば、庶民の貧乏の原因は単純明快である。怠け者だから貧乏しているのだ、ということになるのである」（『大倉喜八郎の生き方』大倉雄二）

そんな喜八郎の中にもまだ、苦労時代の経済意識が残っていたようだ。結婚して本邸の別棟に住む息子が購読している新聞が自分のとダブっているのが無駄だと言い、購読をやめさせている。

ホテルオークラ東京本館のすぐ前に大倉集古館がある。

屋根の反り上がった、龍宮城を思わせるこの建物は、日本で最も古い私立美術館である。

大倉喜八郎が蒐集した日本・東洋の古美術と息子の喜七郎の日本近代絵画コレクションを中心に二千五百件もの美術・工芸品が所蔵され、普賢菩薩騎象像をはじめ国宝が三件もある。

この美術館は大正七（一九一八）年五月一日に開館した。前年八月に、喜八郎は「財団法人大倉集古館」を設立。本宅の敷地四千八百二十五坪を提供して陳列館を建て、自分が所蔵する美術品の全てを寄付した。

美術品の評価額はおよそ六百万円。一万円あれば、家が買えた時代の話である。

喜八郎が美術品の蒐集を始めたのは、趣味のためばかりでなく、古美術の散逸を防ぎ、文化財を守りたいという使命感によっていた。

廃仏毀釈で貴重な仏像彫刻が破壊されていくのを嘆いて熱心に買い集め、明治三十二（一八九九）年の義和団の乱の時には、ロシアの商人が安く買いたたいた中国の美術品を船一艘分買い取っている。

しかも美術品を私蔵せずに、大勢の人に楽しんでもらおうと、美術館を作って公開したのだから、殊勝な心がけである。

貧しい庶民を軽蔑し、贅沢な生活をひけらかす喜八郎とは思えない。

ここには彼の宗教心が関わっている。彼の述書『致富の鍵』に次のような言葉がある。

「……私は忙しい身体でも、暇があった時はたとえ僅かの時間でも美術館に入って仏を見るが、一種私の精神に崇高の感が湧くのである。そしてこれによって連日連夜の激務に服して俗化した精神を復活せしむるのである」

∴

喜八郎の事業の大躍進は、日清・日露戦争までであった。

この後、三井、住友といった財閥は時代の変化に沿って事業の近代化を進め、組織を整え民間事業へと経営体を移していった。

一方喜八郎は銀行も持たず、自己資本に依存し、株式公開によって社会から広く資金を集めようとしなかった。

次第に国内での地位は低下していった。

事業の場を中国に拡大し、鉱業、製材、紡績、食品、農業と次々に投資したが、利益を得るどころか、莫大な損失を出してしまった。

ところが、大正三（一九一四）年に起きた第一次世界大戦による好景気で息を吹き返し、喜八郎の贅沢生活は続く。

大正四年十二月、「社会に対する多年の勲功」により、喜八郎は男爵の地位を授けられた。平民から華族になったのである。

授爵記念の祝賀会は帝国劇場を借り切って、大々的に行われた。

大正十三年十月には、米寿の祝いと結婚五十周年の祝宴が催された。

二十日から三日間。場所は関東大震災の被害からようやく新装再開された帝国劇場で、一日千人以上の名士が出席した。

「一日目は大倉の挨拶に始まり、ついで加藤高明首相、チャールズ・エリオット英国大使、『国民新聞』社長・主筆の徳富蘇峰《とくとみそほう》らが祝辞を読み、それから余興の観劇に移った。三日間通しのその番組は幸田露伴補作の『神風』三幕、浄瑠璃の『源氏十二段』、そしてこのために大倉が特別に招致した、中国の名優・梅蘭芳《メイランファン》の祝い劇『麻姑献寿《まこけんじゅ》』だった」（『大倉喜八郎の豪快なる生涯』）

喜八郎の銅像も次々に作られた。大正二年には赤坂の本邸に、五年には生まれ故郷の新発田に、十年には帝国劇場の玄関に。

精力は衰えを知らず、大正八年、八十二歳で、二十九歳の愛妾ゆうに子供を産ませ、三年後にまた一人産ませている。二人とも男の子であった。

さらに十五年の夏には、「わしの所有地の最も高いところに登りたい」と、南アルプスの赤石岳（標高三千百二十メートル）の登山を敢行している。

この山は麓から山頂までほぼ喜八郎の持ち物だったのだ。

「特注の駕籠に担がれ、後年、間組《はざまぐみ》社長となった神部満之助《かんべまんのすけ》を案内役にして、二百名もの人夫を従えての〝大名登山〟だった」（『日本を創った男たち』）

昭和二（一九二七）年一月、八十九歳で宮内省に隠居届けを提出。家督を息子の喜七郎に譲った。しかし、おとなしく隠居生活など送るはずもなく、同年十月には朝鮮への長旅を敢行し、東洋の名山として知られる「金剛山」に駕籠で登った。

三年四月八日、向島の別荘で恒例の「感涙会」が行われ、渋沢栄一、清浦奎吾《きようらけいご》らをはじめ、二百人もの名士が集まった。

喜八郎は狂歌を詠んで揮毫し、夜の三時間にわたる演芸にも同席した。

しかしその後、大腸がんの病状が悪化し、四月二十二日、九十歳で息を引き取った。

「感涙も嬉し涙とふりかはり踊れや踊れ雀百まで」

喜八郎、最後の揮毫である。

ジョン・D・ロックフェラー

John Davison Rockefeller

1839-1937

石油をめぐる世界規模の興亡を記述した浩瀚《こうかん》な書物『石油の世紀』を著した、石油問題の世界的権威であるダニエル・ヤーギンは、日本語版前書に、かく記している。

「ところで、石油は日本にとって特別に重要な意味を持っている。二〇世紀の初頭、ロイヤル・ダッチ・シェルの創業者、マーカス・サムエルは、日本が世界の強国として台頭するにあたり金融面の支援をした。後、一九三〇年代から四〇年代にかけて、石油の逼迫は、日本をして大東亜共栄圏の建設に向かわせることになった。東インド諸島の石油を求めて南進する要因となったのだ。そして、太平洋戦争の破局を迎える。戦後、再び石油は、日本の〝高度成長〟の原動力となった。（中略）石油は日本にとって依然として〝選択〟を迫られる燃料であり、〝必要〟不可欠な燃料なのである。世界の先進工業国の中で、日本はイタリアに次ぎエネルギーの石油依存度が二番目である。全エネルギー消費量の中で石油の占める割合は、アメリカが四二%、全世界で三九%であるのに比べ、日本のそれは、五七%なのだ」(『石油の世紀(上)』ダニエル・ヤーギン、日高義樹・持田直武訳)

現在その依存度は四十パーセント台にまで低下しているとはいえ、東日本大震災後、原子力発電の稼働率が低下している状況を考えれば、予断は許さない。石油の供給を断たれたために、無謀と知りながら戦争に突入した歴史を考えると、けして楽観はできないだろう。

∴

石油を巡る叙事詩の幕開きは、一人の狂言回しの登場から始まる。

その名は、エドウィン・L・ドレーク。

本人は、『大佐』と名乗っていたが、彼の軍歴は確かなものではない。

ドレークは、ニューヘブンの銀行家ジェームズ・タウンゼンドを説得し、石油の存在が確認されていた、タイタスビル(ペンシルバニア州)で掘削を行った。間延びした失敗の繰り返しの後、一八五九年八月二十七日の土曜朝、油井やぐらから「ロックオイル」が吹き出しているのを、作業員が見つけた。石油が出たら、あとはポンプを設置するだけだった。

ドレークの成功は、長続きはしなかった。偽大佐は実業に馴じめず、ペンシルバニアを高名にした功績に対して、わずかな年金を支給されただけだった。彼の死後しばらくして、思い出したように石油業界のお歴々は、大佐の功績を検証して、立派な記念碑を建立した。

そして、ジョン・D・ロックフェラーがやってくる。

貧しく身持ちのよくない——父には二人の妻がいた——行商人の子として生まれたロックフェラーは、十六歳で農産物仲買商ヒューイット&タトルの帳簿係として雇われた。それは、まさしく、彼にとっての天職となった。

「ロックフェラーにとっては、帳簿とは、感情に惑わされて誤りを犯すことがないよう導き、正しい決定をもたらしてくれる聖典だった。業績を正しく評価し、不正をあばき、非能率な点を探り出してくれるもの、あいまいなこの世で、物事を確固たる事実として確立してくれるものだった。彼はずさんな商売敵にこう言って、たしなめたことがある。『どれほど頭の良い者が帳簿をつけていたとしても、たいていは、どんな場合に儲かり、どんな場合に損をするのか、実際にはまったくわからずやっているんだよ』。／ヒューイット・アンド・タトルの支払いを担当するよう命じられると、ロックフェラーは熱意をあらわにして仕事に当たり、年に似合わぬほどうまくこなした。しかも『自分の金を使うとき以上に責任感を感じた』という」（『タイタン（上）』ロン・チャーナウ、井上廣美訳）

ヒューイット&タトルは、大きな会社ではなかったが、食料品を手始めに鉄鉱石など様々な商品を手広く扱うようになっていた。ロックフェラーにとって幸運だったのは、彼が仕事を始めた時に、まさしく、商業の近代化が始まり、それまでの取引システムが駆逐される、新時代が幕を開けたことである。

鉄道と電信。

この二つの技術が一切を駆逐した。そしてロックフェラーは見事に、その変化に適応したのである。

バーモントの大理石をクリーブランドまで送る単純な業務でも、鉄道と運河、湖上の定期便といった、各種の運賃や輸送にかかる時間を勘案して、複数の見積もりを顧客に提供する、俊敏な事務員として活躍した。

一八五五年の大晦日、ヒューイットはロックフェラーに三ヵ月分の給与として五十ドルを渡した。日払いにして、五十セントである。そしてロックフェラーに、給料を上げて、月二十五ドル、つまり年俸三百ドルにする由、申し渡した。

ロックフェラーは、気がとがめ、「罪人にでもなったような気がした」、という言葉を残している。

とはいえ、金銭に対するロックフェラーの興味は、若者であれば、当然のことながらあからさまなものであった。

「銀行券というものを生まれて初めて目にしたのは、青年になってからだった。(中略)ある日、雇い主が州南部の銀行の発行した四千ドルの銀行券を受け取った。彼はその銀行券を私にも見せてくれ、それから金庫にしまった。彼が行ってしまうと、すぐ私は金庫を開け、その銀行券を取り出してじっと見つめた。目を見開き、口をぽかんと開けて。それから金庫に戻し、二重に錠を下ろした。私にはおそろしいほど高額に見えた。前代未聞の額だと思った。その日、私

は何度も金庫を開けては、その銀行券をうっとりと眺めた」（同前）

一八五九年、二十歳で、ジョン・D・ロックフェラーは、ヒューイット&タトル商会を退社した。モーリス・クラークをパートナーにすると、自分の卸売商会をたち上げた。扱う商品は、ヒューイット&タトルとほぼ同じで小麦、豚肉、塩だったが、しばらくして石油も取引品目のなかに加えられた。

一八六〇年、ロックフェラーは大統領選挙に投票した。リンカーンを大統領にするためである。ロックフェラーは、奴隷制度廃止の集会にも何度か足を運んだ。しかし、サムター要塞が攻撃を受け、リンカーンが七万五千人の志願兵を募った時、その呼びかけに応じなかった。彼は三百ドルを支払って身代わりになる兵士を雇った。南北戦争は、ロックフェラーにとって大きな商機となった。終戦までに一万ドルの財産を築いたという。

会社を設立して四年目の一八六三年、クリーブランドとペンシルバニアの間に鉄道が敷かれた。そしてすぐ沿線に石油精製所が立ち並んだが、その最初期のパイオニアが、ロックフェラーとクラークだった。

業績は順調だったが、二人の経営者は異なった見通しを抱いていた。クラークは、今後は慎重に経営すべしと唱え、ロックフェラーは強気だった。二人の経営者は突飛なやり方で決着をつけた。

ロックフェラーとクラークの二人だけでオークションをし、高値をつけた方が経営権を握り、負けた者は、その額を懐に去る……。

五百ドルから始まったオークションは、たちまち騰《あ》がっていった。

「六万ドルまで進み、ゆっくりと七万ドルまで行った。私は自分に事業を買う力があるのか、払えるだけ稼げるのか、と心配しかけていた。とうとう、相手が七万二千ドルという値を付けた。私はためらうことなく七万二、五〇〇ドルと言った。すると、クラーク氏がこう言った。『これ以上は出せない、ジョン。事業は君のものだ』。私が『今、小切手を渡そうか』と言うと、『いや結構』とクラーク氏が言った。『君を信頼する。都合のいいときに払ってくれ』」（同前）

ロックフェラーの評伝『タイタン』の筆者ロン・チャーナウは、購入価格の七万二千五百ドルは、現在の六十五万二千ドル（約五千百万円）に相当すると計算しているが、それでも得た物は巨大だった。二十五歳で、クリーブランド最大の石油精製所を傘下に収めたのである。競争相手の製油能力の二倍以上の規模だった。

ロックフェラーが精製所を手に入れたのは、まさに最高のタイミングだと、『石油の世紀』の著者、ダニエル・ヤーギンは述べている。

南北戦争が終わり、米国の経済は拡張し、発展し続けていった。投機熱がはびこり、競争が激化した。企業合併が流行し、独占が進むと同時に技術革新が行われる。大量の移民が到来し、西部の開拓が進むにつれて、市場は拡大する一方だった。十九世紀の最後の三十五年こそが、「アメリカのビジネスが真の意味でビジネスだった時代である。こんな時代は他にはなかった。この魅力が若い人たちの情熱と野心、頭脳を否応なく引きつけた。彼らは、ロックフェラーの言う『偉大なゲーム』のとりこになったのだ」(『石油の世紀（上）』)。

灯油と潤滑油のマーケットは拡大を続けた。けれども、一番増えたのは製油所だった。当時、製油所は、資本、技術が完全でなくとも造ることができるとされていた。零細な肉屋、蠟燭屋、金物屋などが、製油業に転向していった。ロックフェラーが可愛がっていたパン屋までが、自らのパン工場と能率の悪い製油所を交換してしまったのである。

さすがにロックフェラーは心配し、パン屋のために工場を買い戻してやったという。

∴

ロックフェラーは、一八六四年九月、教師のローラ・セレスティア・スペルマン、通称セティと結婚した。彼女の父親はオハイオ州議会の議員で、慈善事業でも有名だった。セティを妻とし、スペルマン家の一族に連なることは、満足に学校に行っていないロックフェラーにとって、望んでも得られなかった社会的地位を獲得することであった。

スペルマン家は教養は高かったが——セティ自身、教師として働いていた——、経済的には上手く行っていなかった。

一八五一年、セティの父、ハーヴェイ・スペルマン氏は、アクロンで銀行の取り付けにあい、倒産の憂き目にあった。クリーブランドへ移った後、再び一財産を作り上げたものの、またいつか経済的苦境に追い込まれるのではないか、という恐怖にとりつかれていた。

セティは、一家を経済的に支えてくれるだけの力と富をもった青年を探さねばならない状況にあったのである。

そしてロックフェラーは、その点——つまり富と経営能力——においては、申し分がなかった。さらに二人の価値観は共通していた。義務と倹約を重視し信仰を大事にしていた。

ロックフェラーは、騒がしい女性が苦手だったが、セティは物静かだったし、態度が控えめだった。「自制の鑑《かがみ》」と仇名されているほど落ち着いていた。

何よりも、信仰に対する態度が共通していた。ロックフェラーは教会への喜捨、援助をおこたらなかったし、セティは、日曜学校や教会の行事では献身的に働いていた。お似合いのカップルだったのである。

一八七三年九月十八日——暗黒の木曜日《ブラック・サーズデイ》——、南北戦争後の長い好景気の命脈がついに尽きた。

中西部の大銀行、ジェイ・クック&カンパニーがノーザン・パシフィック鉄道への融資を回収できず倒産したのである。

ニューヨークの証券取引所は十日間閉鎖され、銀行も鉄道会社も将棋倒しのように破綻していった。

不況は六年間続いた。

最も打撃を受けたのは、石油業界だった。ブラック・サーズデイの直後、原油価格は一バレル八十セントまで下がり、翌年には四十八セント――地域によっては、水を運ぶコストより安い価格――まで下がった。

しかし、ロックフェラーは、この恐慌は、とてつもないチャンスだと考えた。

当時、石油業界は供給過剰に喘いでいた。業界の二十五パーセントのシェアを確保していたロックフェラーのスタンダード石油でさえ、六つの中核製油所のなかで稼働しているのは二つしかなかったのである。それでも、スタンダード石油は利益を確保しており、資金はふんだんだった。彼は隠密裏に全国的な規模での統合を目指してライバルを吸収し、合併していった。

ロックフェラーの秘密主義は徹底していた。

吸収した相手に看板を掛け替えさせず、書類や便箋なども、旧来の様式のままにし、人事もなるべく変えずに、その製油所がロックフェラーの傘下にあることを、感知されまいと努めたのである。

傘下に収めた精油業者に対して、金廻りがよくなったと言ったり、振る舞ったりすることを戒めた。「この契約については奥さんにも秘密にしておいてください。金が入るようになっても、だれにも気づかれないように。暮らしぶりも変えてはいけません。速い馬を乗り回したいなんて考えてはいませんよね?」(『タイタン(上)』)

当初、ロックフェラーは、石油樽やタンク車を買い占めるという強引な手段を用いたが、次第に穏当になっていった。ライバルを倒すよりも、相手を味方にする方が、合理的であることを理解したのである。

∴

一八八三年、ロックフェラーは住み慣れたクリーブランドを離れ、ニューヨークへと移った。これまでも冬の休暇はニューヨークで過ごしていたが、遂に本拠をニューヨークに移すことにしたのである。

ロックフェラーとその妻、セティが購入した屋敷は、いささか、彼らの主義に反する物件だった。彼らが選んだのは、鉄道王コリス・ハンチントンの愛人だったアラベラ・ワーシャムの屋敷だったのである。

アラベラは、姪と偽ってハンチントンと暮らし、その妻が亡くなった後、正妻に収まった。ハンチントンとアラベラが暮らしたのは、いかにも妾宅という風情の、目立たない屋敷だったが、そのインテリアは、とてつもなく奇抜なものだった。

ムーア風（アラブ・イスラム文化とキリスト教・ラテン文化の融合した様式）の大広間に、トルコ式蒸風呂があり、主寝室はイギリス式と日本式の装飾がほどこされ、橇《そり》の形をしたクイーンサイズのベッドがあった。居間には、コローやメソニエといったフランスの巨匠たちの、あまり健全とはいえない裸体画が掛けられていた。

さらにニューヨークで最初の個人用エレベーターまで装備されていたのである。

典型的なピューリタンと、自他ともに任じているロックフェラー夫妻が、この調度に対して、どのような感想を抱いたか、は非常に興味深いが、残念ながら、その記録は残っていない。分かっているのは、ロックフェラーが、アラベラの残した擦り切れた何枚かのカーペットを地元の教会に寄付したということだけである。

∴

ロックフェラーはみみっちい寄付に甘んじていたわけではない。一八八一年、六万千ドルを寄付し、その三年後には、十一万九千ドルを寄付した。

彼の社会貢献のなかで、特筆すべきは、黒人教育、それも高等教育に対して深くコミットしてきたことである。

ロックフェラーは、きわめて保守的な人物だったが黒人教育に対する情熱は突出していた。あらゆるロックフェラーのファイルのなかで、一番厚いのは、黒人問題のファイルだ、とまでいわれている。

ロックフェラーは、ソフィア・パッカードとハリエット・ジャイルズという二人のバプティストの女性活動家の訪問を受けた。二人は、読み書きが不自由だが、情熱をふんだんにもった百五十人の黒人女性たちが、教会の地下でろくな灯火もないなか、学んでいる姿をロックフェラーに語った。彼女たちは煙と埃の立ち込める空気を吸い、頭上の暖房用パイプをよけながら、ひざまずいて長椅子の上で文字を記し、数学の時間には長椅子の上に棒を並べて四則計算をしているという。

切々たる物語に、ロックフェラーは打たれた。

「どうか黒人のみなさんにお伝えください。私はみなさんにご同情申し上げるとともに、関心を抱いております。書物からの知識に加えて、あらゆる種類の仕事を学ばれ、どのような階級の人々よりも上達されるよう努力してくださいと」(同前)

∴

一九三〇年、ニューヨークのマンハッタンにロックフェラー・センタービルの建設が始まった時、ロックフェラーは九十一歳だった。

大富豪になっているにもかかわらず、若い頃からの倹約の精神は失われることはなかった。家の暖炉で使う薪の長さを短くして費用を削り、息子からクリスマスプレゼントにゴルフボール二ダースと万年筆数本を贈られて、大悦びした。

一方で投資熱もあり、一九二九年の株の大暴落とその後の不況で、多くの財産を失ってもいた。

ロックフェラー・センター建設に積極的だったのはジョンの息子、ジュニアだった。彼はマンハッタンのミッドタウンに一つの都市を作るべく陣頭指揮をとったのである。

一方、肝腎のジョンは自分の名前を永久にとどめることになる都市開発に対してまったく無関心で、ロックフェラー・センターには一度も足を踏み入れなかったともいわれている。

この頃の彼の最大の関心は百歳まで生きることだった。

一九三四年、九十五歳のロックフェラーは気管支炎を患って死にかけたが、持ち直した。その後は、ゴルフも、午後のドライブも、庭の散歩もやめ、無駄なエネルギーを使わないよう、日課を徹底的に減らした。

一九三七年の初め、ロックフェラーは、体は衰弱していたが、頭ははっきりしていた。しかし、五月二十二日に心臓発作を起こし、翌二十三日の午前四時五分、昏睡状態のまま息を引き取った。九十八歳の誕生日まであと六週間という時だった。

新聞の多くは彼を残忍な事業家として批判するのではなく、恵み深い慈善家として称賛した。

息子は自分が父には到底及ばない人物と自覚していたので、普通は父親が生きている時にしかつけない「ジュニア」を父の死後もそのまま残した。

後年彼はしばしばこう言ったという。

「ジョン・D・ロックフェラーは一人しかいない」(『タイタン(下)』)

渋沢栄一

Shibusawa Eiichi

1840-1931

近代における、日本の経営者像を考えた時、まず最初に指を屈するべきが、渋沢栄一であることには異存がないだろう。

公共道徳としての儒教を重んじ、浮利を追わず、社会に貢献する日本型資本主義の始祖とされる渋沢は、経営者としてのみならず、思想家としても高く評価され続けている。

徳富蘇峰の盟友として、民友社で活躍した山路愛山《やまじあいざん》は、「一にも渋沢さん、二にも渋沢さん」と簡潔にその気品と人格を賛美している。

「明治維新より明治十年までの日本の経済界は、唯《た》だ零細の資本のありしのみ。尤《もつと》も旧幕時代の遺物たる金持の世家、三井、住友、鴻池など云ふものは、其頃にても巍然《ぎぜん》として財界の雄たりしに相違なかりしかども、此等は大抵維新の大暴風雨に辛うじて難船を免れたるもの丶みにて、未だ元気を恢復せず、其外は翁（引用者注、渋沢栄一のこと）の所謂《いわゆる》卑屈なる町人のみなり。（中略）井上馨《かおる》は或時代に日本町人の総元締なりき。政府の大蔵大臣、国債を募らんとする時、（中略）少々の無理は資本家にも聞いて貰ひたしと思ふときは、必ず井上大明神を拝み、其託宣を請ひ奉れば、大抵の資本家は大明神の威に恐れて金の用も勤めたり。（中略）井上大明神の御機嫌に逆らひては恐ろしきこともありし故、大抵は其号令に従ひたるものなれども、翁は何処までも親切の世話人にて、畢竟頼母《ひつきようたのも》しづくにて資本家の間に奔走したるものなり。されば井上が日本の町人の総取締たる威は夏日の畏るべきが如《ごと》く、翁の日本町人に世話役たり総代人たる恩は、冬日の愛すべきが如くなりしとも謂《い》ふべき歟《か》」（『渋沢栄一翁』白石喜太郎）

長い引用になってしまったが、長州閥の元老として財界に君臨した井上馨の強面ぶりを「夏日」に例える一方、渋沢を「日本町人」の「世話役たり総代人たる」と論じた、愛山の語りぶりは、説得力に溢れている。

渋沢栄一の伝記資料五十八巻を編纂した土屋喬雄《たかお》――東大経済学部教授で、日本資本主義論争では労農派の論客として活躍し、人民戦線事件で起訴されて大学を追放された（戦後、教授として復帰）――は、渋沢栄一が生涯に携わった営利事業は五百余り、社会事業や福祉などの非営利事業は、六百余と算《かぞ》えている。

渋沢栄一は、天保十一（一八四〇）年三月、武蔵国、榛沢郡血洗島《ちあらいじま》村（現埼玉県深谷市）に生まれた。

七歳で従兄の尾高新五郎《おだかしんごろう》（惇忠《あつただ》）から、四書五経の手解《ほど》きを受けた。

尾高は水戸学に傾倒しており、藤田東湖《とうこ》や会沢正志斎《あいざわせいしさい》の論旨に心酔し、徳川幕府の外交政策を批判していた。

栄一は、尾高から阿片戦争の顚末を記した『清英近世談』を借覧したことで、時勢を憂い、江戸に遊学した後、尊王攘夷の志士となった。海保漁村《かいほぎょそん》の学塾とお玉が池の千葉道場に通ったが、その目的は、同志を募り、倒幕の気運を盛り上げることであった。

井伊直弼《なおすけ》大老が桜田門外で水戸の浪士に暗殺された時、渋沢は二十歳だった。尾高は、老中安藤対馬守が坂下門外で浪士たちに襲撃された際、一味に荷担したという嫌疑を受けたため、京都に逃れた。

文久三年は、渋沢栄一にとって、一大エポックともいうべき年になった。

尾高と従兄の渋沢喜作とともに、攘夷を企んだのである。

計画は、さしあたって地元の高崎城を乗っ取った上で兵備を整え、鎌倉街道を通って横浜に至り、市街を焼き払った後、外国人を皆殺しにする、という物騒きわまりないものであった。

「高崎城乗っ取りだ、横浜焼打ちだと威勢のいいことばかり考えていた時は、（中略）死ぬことをまるで芝居見物でもするように思っていた」（『明治を耕した話』渋沢秀雄）と、後に栄一は述懐している。

転機は、一橋家側用人兼番頭の平岡円四郎《えんしろう》から、一橋家への仕官を勧められたことだった。幕府に対する反乱を計画していた人間が、一橋家の家来になるのは支離滅裂ではあるが、時代は途方もない乱世である。横浜焼き討ちを計画していた人間——しかも武士ではなく百姓——が、一橋家の家臣になることも、さほどの大事とは受け取られないくらいに世は乱れていた。

一橋家に召し抱えられたことで、栄一の人生行路は、急変した。

栄一は京都に派遣され、薩摩、長州、会津といった雄藩外交の中心に放り込まれた。西郷隆盛や木戸孝允といった人々と日常的に交わった。

慶応二年、栄一は勘定組頭となり、二十五石七人扶持、滞京手当二十一両という身分となった。

そして徳川家茂《いえもち》が大坂で病没した。

栄一は、親藩から幼君を戴いて将軍職につかせ、慶喜《よしのぶ》は京都守衛総督に踏みとどまり、大坂城を幕府からもらい受けるとともに、自ら五十万石から百万石の規模の大大名となり、天下を睥睨するという計画を献策した。

ところが慶喜は、すんなり、次期将軍になってしまったのである。

栄一は、憤慨した。結局、慶喜といえども、ひ弱な貴公子にすぎないのだった。けれど、この幸運児を、天は見放さなかった。

パリ万国博覧会の際に、慶喜の弟、徳川昭武《あきたけ》を代表とする外交団に加わるよう、一橋家用人原市之進《はらいちのしん》に命じられたのである。

鎖国こそ解かれたものの、海外体験ができる日本人などまだほんの一握りの時代である。その時代に二十七歳でヨーロッパに赴き、西洋を眺め、その社会、産業等を体験したということは、何にも勝る、強烈な優位を得たに等しい。

セーヌ県知事ジョルジュ・オスマンによる市街整備が完成した直後で、現在に至るパリの偉容が完成された時期である。

万国博には、列国が蒸気機関、電信、電気など科学の最新成果を競って出品していた。

「今茲《ここ》の博覧会においては、新たに発明せるものの励みなり。力を戮《りく》する時は、大業をもなすべき理を示し、貿易の自在をあらはし、各国人民の経済の道を示し、量尺貨幣等を一致せば、各国の都合となるべき筋を了解せしめ、且《かつ》又各国の間に相忌相悪の念を消し相敬し相愛するの意を生ぜしめ、爰《ここ》に来観するもの、この国革命の際、大乱ありしことをば打ち忘れて、即今太平の楽化盛んに風俗美なるを驚くなるべし」（『航西日記』渋沢栄一）

パリ万国博覧会の四年後、ナポレオン三世率いるフランス軍は、カイザー・ウィルヘルム率いるプロイセン軍に惨敗し、帝政が崩壊したばかりか、アルザス・ロレーヌを割譲させられたことを考えれば、栄一の感想はやや皮相なものとも考えられる。

万国博覧会が閉会し、随行員のほとんどが帰国した後、昭武の勉学と栗本鋤雲《くりもとじょううん》駐仏公使の補佐のため、栄一はパリに残っていたが、幕府の瓦解を現地の新聞で知り、帰国することにした。

新政府は、徳川家の存続を認め、駿府七十万石を安堵し、徳川家達《いえさと》を後継者にすることを許した。

栄一は、帰国後、昭武とともに静岡に赴いたが、太政官からの招請を受けて、東京に出向くと、大蔵省の吏員として、大蔵省租税正に任じられた。

大蔵省は、人材の坩堝《るつぼ》だった。

大蔵卿の伊達宗城《だてむねなり》こそ大名上がりだったが、大蔵大輔は大隈重信、少輔は伊藤博文、大丞《だいじょう》は井上馨という顔ぶれだった。

大隈を戴いた大蔵省の面々は、全国の測量、度量衡の改正、駅伝法の整備、鉄道敷設の立案、そして租税改正、貨幣改鋳など、国家の要事を片端から起案していた。

租税改正や貨幣改鋳、度量衡などは、たしかに大蔵省の管轄だろうが、測量や駅伝法までが、大蔵省の主導で進められていたのは、それだけの実力とエネルギーを大隈以下の幹部が蓄えていたからだろう。実際、大蔵省が頻《しき》りに案件を繰り出すので、他省は圧倒され、反発を招いた。

そして明治四年七月、廃藩置県が断行された。

渋沢は、井上の命に応じて、三日でその方策を立案し、数十枚の処分案を起草した。

「その処分の大目は、藩々金穀の取締から負債の高、藩札の発行高、または租税徴収の方法、その他各藩において種々施設中に属する事業の始末等までも関連して居て、なかなか面倒のものでありました。また公債証書発行の事も、この廃藩の処分に際し諸藩において地方から借入れてある負債を年度によって区分を付け、その程遠き分は全くこれを棄捐《きえん》させ、維新前後の区分によって新旧二種に分けて公債証書を附与するものとして、ここで始めて公債証書の発行を見ることが出来ました」(『雨夜譚　渋沢栄一自伝』)

史家は、廃藩置県をもって中央集権的な統一権力としての明治政府が成立した、としている。けれども、渋沢の筆からは、そうした、生々しく、激しい、国家権力による圧伏といった状況は、まったく見えてこない。

事実として明治政府は、廃藩置県を前にして薩長土の三藩から提供された御親兵一万を東京に集結させ、兵部省の指揮下に置いた。

かつて高崎城を乗っ取り、横浜の外国人を皆殺しにしようと企んだ、青年渋沢栄一の面目とは、まったく別の人間になってしまったかのようだ。

∴

明治六年五月、渋沢栄一は大蔵省を辞任し、第一国立銀行を創立した。

明治五年十一月に制定された国立銀行条例に基づき、近代日本最初の銀行を設立したのである。国立といっても国家が経営するものではなく、株式会社組織として運用される、純然たる民間の金融機関である。

同時に、渋沢自身も民間の人となった。

資本金は、三井組と小野組がそれぞれ出資し、一般からも四十四万円の出資があった。渋沢栄一は、総監役——頭取以下の役員に対する監督官——に就任した。

本店は海運橋の袂《たもと》、三井組ハウスに置かれ、横浜、大阪、神戸に支店が設けられた。

創立の翌年、小野組が破産した。

小野組は寛文年間（一六六一〜七三）に創立された歴史ある豪商であり、維新に際して新政府に協力した功により国庫金の収納支出を担った。

けれども新政府の為替方に対する方針は次第に過酷になり、小野組は官金出納事務の担保を提出することができず、破産してしまったのである。

小野組の破綻は、設立したばかりの国立銀行にとっては痛手ではあったが、渋沢は何とか凌《しの》いで、第一国立銀行の基礎を固めた。

同時期、渋沢は王子飛鳥山に邸宅を築いた。

邸宅は、海外からの貴顕紳士を招くことを念頭に置いた、回遊式庭園を備えた壮麗なものであった。アメリカ大統領ユリシーズ・グラントをはじめに、タゴール、蔣介石、救世軍のウィリアム・ブース将軍らが、渋沢の屋敷を訪れた。

渋沢栄一が関わった社会事業、公共事業は、六百あまりに上り、そこに企業経営者と別の面目があったのは確かなことだ。しかし、渋沢には、慈善家といったイメージには収まらない、心底からの義務感、使命感があった。

関東大震災の時。

地震の翌日、渋沢は書生たちを指図して、罹災者に対する救護策を講じていた。

心配した次男の武之助が、社会主義者に扇動された暴民が、富裕な人々を襲っているという噂を伝え、故郷の血洗島に避難してほしい、と頼んだ。

渋沢は言った。

「馬鹿なことを言うな、儂《わし》のような老人は、こんな時いささかなりとも働いてこそ生きている申し訳がたつものだ。それを田舎に行けなどと卑怯千万な！」

二日後、渋沢は、大震災善後会副会長になり、東京市内を駆けまわった。

∴

渋沢は、最初の妻千代が亡くなった翌年、後妻に伊藤兼子を迎えている。一時期は邸内に妾《めかけ》を囲っており、それを廃した後も、懇意な女性の元に通っていたらしい。

三男の正雄は、兜町の事務所から帰宅する時、父の車に陪乗《ばいじょう》するのに、その声音で希望の可否を判断したという。

「御陪乗願えましょうか！　と訊いて、すぐ〝ああ〟と返事した時は真っすぐ御帰館だが、〝うん？〟という曖昧な返事の時は即座に引き下がらなければ……自動車は本郷四丁目の角を左へ曲がる晩なんだよ」

母、兼子は、四男の秀雄に言ったという。

「父様も論語とは旨いものを見つけなすったよ。あれが聖書だったら、てんで教えが守れないものね！」

息子は、父が女子教育に力を入れたのは——特に女学館と日本女子大学——、罪滅ぼしのつもりだったのではないか、というのだが、どうだろうか。

大佛次郎《おさらぎじろう》は、一高時代、寮の朋輩《ほうばい》から、渋沢栄一に妾があるという話を聞いて、驚いたという。伊藤博文ならともかく、人格者で知られた渋沢さんが……と。

しかし、その朋輩は、妾宅の場所まで確かめた。それで妾宅の前で、渋沢の名前を呼んで拍手をしよう、ということになった……。

結局、計画はうやむやになったが、後に、大佛は、渋沢の伝記小説『激流』を上梓している。

∴

渋沢は、誰にでも会うということでも、広く知られていた。

紹介状などは不要で、誰にでも会う。

いきなり書生にしてくれ、と頼む者や、一万円くれ、と言う者もいた。

丁重に、お引き取り願うしかない。

渋沢が一番苦手だったのは、モジモジして、何も言わない人だった。

渋沢は、真面目な人には、親身になって相談にのった。資金、創意、営業見通しなどを訊き、できる限りの助言を行った。

助言を与えている間にも、渋沢が管轄している企業、事業について、関係者が間断なく問い合わせて来た。

時間の管理に厳しかった渋沢は、人力車から馬車、そして自動車と移動手段を進歩させていたが、にもかかわらず、初対面の人々の意見、悩みを訊く時間を節することはなかったのである。

原敬も、渋沢と同様に面会を希望する人には、すべて会い、話を聞いた。それは原にとってのデモクラシーの神髄であった。『原敬日記』を紐解くと、毎日、かくも多くの人々と会い、さらには党の宴会に連なり、最大の政敵たる山県有朋の別荘を毎週訪ねるという精力には、感服せざるを得ないが、それでも原の場合、陣笠議員から元老まで、無駄としか思えない時間を過ごしたとしても、何らかの形で報われる可能性があった。

実際問題、デモクラシーとは、その無駄の堆積からしか発動しない政治制度だろう。

一方渋沢が毎日迎えた人々は、成功の見込みがほとんどなかったにもかかわらず、真情を傾けて語る、彼の態度には、やはり打たれる。

渋沢によれば、新しい事業を始めるにあたって肝心なのは、一、道理が正しいかどうか。二、時運に適しているか。三、人の和を得ているかどうか。四、おのが分にふさわしいかどうか、だったそうだ。

∴

渋沢の四男、秀雄にこんな回顧談がある。

秀雄は帝大の法科に通っていたが、どうしてもフランス文学を専攻したくなり、両親に相談した。

母は、猛反対した。文士というのは社会の寄生虫みたいな存在だというのである。

まっとうな見識だ。

父は、秀雄の訴えに、こう応じた。

「お前は法律を勉強して、大学を卒業するだけの能力を持っているらしう見受けられるから、今のまま法科を卒業して実業界で働いてもらいたい。文学や絵画は趣味の程度にとどめておいてくれないか。これは命令ではないよ。僕が頼むのだよ」（『明治を耕した話』）

「僕が頼むのだよ」とは、なかなか言えない台詞だ。

息子の個人的志を受け止めながら、公的な仕事の重さを伝える。人生を長い長い奉公と受け取った人間だからこその、重みのある台詞ではないか。

ルイス・C・ティファニー

Louis Comfort Tiffany

1848-1933

一八四八年二月十八日、ルイス・ティファニーは、ハドソン川の畔《ほとり》の小さな家に生まれた。

一家の主人であるチャールズ・ティファニーは、落ちつかなかった。

半年前に、チャールズは第一子を熱病で亡くしていたのだ。

またもう一度、悲劇が繰り返されるのか……。

だが、それは思い過ごしであった。

チャールズは、男子をさずかったのである。

「ティファニー」の御曹司ともなれば、銀の匙を咥えて生まれてきたかのように思われるかもしれないが、けっしてそうではない。

ウォレン通りの生家は、手狭な借家だった。

界隈はニューヨークのはずれで、風の強い日には魚市場から、鱈、鮭、牡蠣など、魚の匂いが流れてくる、そんな場所だったのだ。

∴

この年の正月早々、カリフォルニアで金鉱が発見された。

ヨーロッパ大陸では二月革命が勃発し、ルイ・フィリップのオルレアン朝が、突如倒壊した。

ヨーロッパ各地で、蜂起があり、主要な都市には、バリケードが作られた。

各国の王族、貴族たちは、国外に逃げようとしていた。

そのために、貴重な宝飾品が、売りに出された。

チャールズは、革命のニュースを耳に挟んですぐ、盟友ジョン・B・ヤングに電報を打ち、雑貨を買いつけるための資金を、すべて宝石購入に回すよう、指示した。

ティファニー・アンド・ヤング商会はもともと、ニューヨークで高級雑貨店を営んでいたのである。

ヤングとそのスタッフは、ヨーロッパを駆け廻って、秘宝を買い漁った。

そのギャンブルは成功した。王族たちは、自らの財産を二束三文で売り払い、現金を求めて目を血走らせた。

当時、ダイヤのコレクションとしては最高と謳われていた、ハンガリーのエステルハージ公爵のコレクション、ルイ十五世の宝石、マリー・アントワネットの遺品など、貴重品が、ティファニーの所蔵となった。

ティファニーとヤングは同郷だった。

ヤングの妹ハリエットとチャールズが、交際を実らせて結婚してからは、姻戚となった。

ヤング家は、メイフラワー号でアメリカにやってきた、建国の父たちの直系子孫である。

かつて、西欧から追われた移民たちの子孫が、数百年をへて王族たちの宝石を我が物とする。

それは、やはり、一種の革命なのだろうか。

ティファニーによって、アメリカの富豪たちは高価で貴重な宝飾品を身に着けることができるようになった。

当然、ティファニー自身も裕福になった。一八六〇年には、住まいを高級住宅街であるマディソン街二五五番地に移した。

そこは「マレー・ヒル」と呼ばれていて、近所には金融王モーガンも住んでいた。

ティファニーの新居は石造りの四階建てで、古代ギリシャ建築を用いた優雅な邸宅であった。

彼は押しも押されもせぬ富豪になったのである。

チャールズの息子、ルイスは、幼い頃より、ただただ上昇するばかりの環境のなかにいた。

富は当たり前のようにそこにあった。

ルイスは強情で気まぐれな子供だった。一人で、森の中を散策し、夢想にふけることを好んだ。

チャールズは大切な跡取息子を全寮制のイーグルスウッド・ミリタリー・アカデミーに入学させた。

∴

厳父の命令に、ルイスはやむなく従ったが、召使いに囲まれ気ままに遊んでいた身には辛い日々だった。

十七歳で卒業し、数学と美術で優等をとったが、この時、ルイスの胸には、将来は画家になるのだという決心があった。

父はルイスに会社を継がせるため、名門大学へ進学させようとしていたが、ルイスは頑固に拒絶した。

イーグルスウッド校での恩師であり、風景画家として一派をなしていたジョージ・イネスに画才を認められたことが、支えだった。

決意の固いことを見て、父は当時のアメリカで不可欠とされた欧州留学を息子に認めた。

十八歳のルイスは、フランス、イタリア、イギリスを歴訪し、帰国後、ニューヨークのナショナル・アカデミー・オブ・デザインで開かれた展覧会に作品を出品して好評を博した。

さらに三年後の一八七〇年、アメリカ水彩画協会を創設した画家サミュエル・コールマンと北アフリカ、エジプトへ旅した。

この旅が、ルイスにとって転機になった。

灼熱の国々を彩る光と影の強烈な対照に、心を激しく揺さぶられたのだった。

回教寺院のガラス・モザイクは陽光を捉え、不毛の砂漠に美しい命を輝かせる。

帰国後、ルイスが発表した作品は新境地を開いたとして、話題を呼んだ。

権威あるセンチュリー・クラブ会員に最年少の二十二歳で選ばれた。

フィラデルフィア百年祭では、ルイスの油彩画三点、水彩画六点が展示された。

北アフリカで取材した『タンジールの蛇使い』は、エキゾチズムに満ち、激しいドラマを感じさせた。

いわゆる印象派やフォービズムといった新機軸に媚びることなく、アメリカ特有の美意識と新しい精神を造り出すことに成功したのである。

当時では、破格の千ドルという値がつき、弱冠二十八歳で、画家としての地歩を固めたのであった。

∴

ティファニー社とアメリカ歴代大統領との関わりは深い。

それを象徴するのが、長い間会長室に飾られていた写真である。

真珠の首飾りをつけて微笑む、メアリ・トッド。

奴隷解放を成し遂げた、リンカーン大統領の妻である。

謹厳実直、質素で知られていたリンカーンだが、妻にはとても甘かったらしい。妻がティファニーで宝飾品を次々に買うことを許していたのである。

クリーブランド大統領のためには「自由の女神」除幕式の招待状を作った。ジョンソン大統領に晩餐会用の陶磁器セットを作り、ケネディ大統領からは、キューバ危機で戦争を回避したことを記念する特製カレンダーの注文を受けている。


ティファニー社を創業、宝石事業によって発展させたのは、チャールズ・ティファニーだが、その息子のルイス・ティファニーは、父親とは別の方法で事業に貢献するとともに、アメリカのアートスタイルを確立させた。その功績は偉大である。

ルイスは一八七二年、二十四歳の時に、メアリ・ゴダードという女性と結婚した。ゴダード家は優れた実業家を輩出した家系で、メアリはルイスの姉、アニーの結婚相手であるアルフレッド・ミッチェルのいとこであった。

結婚の翌年には長女が生まれた。

一八七四年、妻と一歳の長女をともない、ルイスはイギリス、フランス、イタリアへ写生旅行に出た。

ところが、この旅行の間にメアリは結核にかかったうえ、二人目の子供、長男を出産しながら、子供は三週間で死んでしまった。

ニューヨークに戻ると、一家は東二十六番街四十八番地に新居を構えたが、父、チャールズの別荘で過ごすことが多かったという。

この別荘で、ルイスは妻と娘をモデルに絵を描き、写真を撮り始めた。また、一八七五年には、ブルックリンの「シル・ガラス製造工場」で、ガラスの実験を始めた。

父親の資産のお蔭で、ルイスは絵画に留まらず、様々な方面で美を探究していくことができた。

なかでも、ガラス工芸は彼を夢中にさせた。

既製品の赤や青ではない、もっと自然な色を出したい……。

当時のアメリカはガラスの製造技術が低かったが、ボストン郊外にあったサンドウィッチ・ガラス社はヨーロッパに負けないほどの技術を持っていた。

しかし、ルイスはあえてブルックリンのシル・ガラス工場を選んだ。この頃、メアリは結核が悪化し、ルイスは長い間、家を空けておくことができなかったのだ。

妻を看病しながら、ルイスは毎日フェリーでイースト川を渡り、工場に通った。職人たちから技術を学び、自分の作りたいガラスを作るため、研究を重ねた。

長年の努力が結実し、一八八五年、ティファニー・グラス・カンパニーが設立された。

特に注目を集めたのは、ステンドグラスの窓だった。

それは、ガラスに着色したり、印刷したりする単純なものではなかった。

中世の職人のモザイク手法を用い、しかもガラスの色は単色ではなかった。いわゆる色のコラージュで、縞柄、まだら、斑点といった模様があり、ガラスの中に色の諧調があった。

ルイスが造りだしたものは、ガラスの絵画だったのだ。

しかし、この成功を待たず、一八八四年、妻のメアリは死去した。

∴

一八八六年、チャールズ・ティファニーの七十四回目の誕生日にニューヨークのマディソン街に豪邸が完成した。

ティファニー家の全員が住む家であった。

重厚なレンガ造りの五階建て、部屋数が五十もある、この邸宅の装飾を任されたのは、ルイスだった。

ルイスはこの邸宅で、光と色彩、機能と美の輝かしい調和という若い頃からの夢を実現させた。

それまで培ったガラス技術の全てが駆使され、意匠を凝らされたステンドグラスからは、明るい陽射しが差し込んだ。まさに光に満ち溢れた家であった。

訪れた人が特に感心したのは、居間に設《しつら》えられた鉄の暖炉だった。それは、一階の床から全ての階を貫いて煙突が立っていた。

またその部屋には、吊りランプ、錬鉄製の飾り、ダチョウの卵などが所せましと吊り下げられていた。

東洋の骨董品が並べられている部屋もあり、とにかく贅が尽くされた家であった。

ところが、自分の夢と努力の結晶ともいえるこの家に、チャールズ・ティファニーは住もうとしなかった。

彼は建築物の梁に、警句を彫らせた。

「善人はめったにいない。自分自身にも気をつけなさい」

「隠遁生活は霊感に満ちている」

こうした父親の警句が常に身近にあったからこそ、事業で大成功を収め、豪邸に住むようになったルイスは大きく足を踏み外さずにすんだのかもしれない。

同じ年、ルイスは再婚した。

相手のルイーズ・ウェイクマン・ノックスは長老教会派の牧師の娘だった。母親の実家は海運業で財を成していて、デュポン社の創業一族と血縁関係にある家柄だった。

この時、ルイス三十八歳、ルイーズ三十四歳。三人の子供に新しい母親ができ、家庭生活も落ち着き、この後ルイスは自分のガラス作品の制作に、さらなる力を注いでいくこととなる。

現在、ティファニー本店は、ニューヨーク五番街と五十七丁目の角に位置している。

店がこの場所に移転したのは、一九四〇年。

高級ファッション・ストリートとして発展する可能性を見越してのことだったといわれてい

る。

ニューヨーク市の保存指定にもなっている建物は一九四〇年当時そのままで、弩級《どきゅう》戦艦並みの威容を見せてはいるが、敷居はけっして高くない。

ひやかし客にも寛容なこともあって、一日に二万人もの客が入店する日もあるという。

また、東京、ロンドン、ローマなど、世界二十ヵ国にブランドショップを展開している。

一八三七年に創業したティファニーの繁栄は、デザイン力と品質の高さに拠っていることは間違いない。

私も、たった一つだが、ティファニー製品をもっている。

銀のマネークリップである。

以前から財布を持たず、マネークリップを愛用していたのだが、他のマネークリップは買ったばかりの時は具合がよくても、使っているうちにゆるんでしまい、紙幣を失くすことが多かった。

それがティファニーのマネークリップを使うようになってから、ほとんど、札を失くさなくなった。

もう何年も使っているが、まったくゆるみがない。デザインはシンプルながら品があって、飽きがこない。

こんな小さな銀のマネークリップにも、ティファニーの技術の粋が凝縮されているのだ。

∴

一九〇二年、ティファニー社の創業者である、チャールズ・ティファニーが死去した。この時、ルイスは五十四歳。ティファニー社の副社長と自分で興したティファニー・スタジオの社長を兼任していた。

ティファニー・スタジオは、カーテン、織物、絨毯、敷物などを扱っていた。

専用の織機を据え付けるまではいかなかったが、他社で織られた織物を染め上げ、平凡な織物に芸術的な価値を与えたのだ。

また、家庭用の装飾品や実用品も製造していた。ボンボン入れ、マーマレード容器、オーデコロンの壜、茶碗、灰皿、シガレット・ケース……日常生活で使用される品々が手頃な値段でふんだんに用意され、人気を呼んだ。

ルイスは一般家庭の中にデザイン感覚を持ち込み、彼なりの方法でアメリカの趣味を育成したのである。

実業家としての手腕を持ち、同時に芸術家としても高い評価を受けている息子を、チャールズは誇りにしていた。

新たな事業で、ティファニー社を発展させてほしいという願いがあったのだろう。遺言によってルイスは、相続人の中で、いちばん多くの遺産を相続することになった。

チャールズが残した遺産の総額は現在の物価で換算すると、一千億円といわれている。その八分の三をルイスが相続することになった。四百億円である。

ところが、ルイスが莫大な遺産を注ぎ込んだのは新事業ではなく、自分の別荘だった。ロングアイランドの古いホテルを購入して取り壊すと、自らの設計による別荘の建築に取りかかった。

五年の歳月と二百万ドルという巨費をかけて彼が建造したのは、十六の温室を備えた庭園と八十室もの部屋を持つ豪壮な屋敷、「月桂樹の館《ローレルトン・ホール》」であった。

それは、別荘というよりは、彼のそれまでの業績の集大成となる私設美術館といってもいいものであった。

「サラセン風の色タイルをちりばめた邸宅には、青銅の竜や甲冑といった、東洋美術コレクションを飾った。パリのメゾン・ド・アール・ヌーボーに展示された代表作『四季』は正面ホールに、居間の窓にはティファニー・スタジオ製のステンドグラスをはめこみ、自作が映えるように、採光を考えて自ら建物全体を設計した。シカゴ万博に出したガラス・モザイク聖壇は特別あつかいで、別棟に聖堂をつくって設置した」（『日本を愛したティファニー』久我なつみ）

ルイスが美の理想の実現に邁進するなか、家族に不幸が襲った。妻のルイーズが大腸がんであることが発覚したのだ。

しかしルイスは工事に夢中で、妻を思いやることがなかった。

ルイーズは、別荘の完成を待たず、一九〇四年逝去している。

芸術家肌のルイスは感情の起伏が激しく、怒りが抑えられない時は、怒鳴りちらしたり、窓ガラスをたたき割ったりした。

なだめ役であった妻を失ったルイスは周囲と衝突していくようになる。

別荘の建築中から近隣に訴訟を起こされていたが、完成後、別荘のそばの浜辺をプライベートビーチにして立ち入りを許さなかったため、町から訴えられてしまった。

別荘の敷地に新しい道路を通すという計画にも反対して裁判に持ち込んだ。

しかし、相手が悪かった。

ルイスの別荘のすぐ近くには、ルーズベルト大統領の別荘があった。交通の不便な土地に道路を通す計画に大統領は賛成し、町民を代表してルイスと対立した。

結局ルイスは敗訴した。

事業も傾いていった。アール・デコという新しい芸術が登場し、ルイスの感覚は時代遅れとみなされるようになったのだ。

一九三三年、ルイスは肺炎のため、ニューヨークで死去した。八十五歳だった。

その五年前に、ティファニー・スタジオは倒産していた。晩年のルイスはマディソン街の豪邸に引きこもって暮らしていたという。

死ぬ前にガラス製法を記したメモを焼いたため、美しいガラス器の数々を作りだしたその製法はいまだに謎とされている。

高峰譲吉

Takamine Jokichi

1854-1922

高峰譲吉、と言ってすぐに反応できる人は、今、どれほどいるだろうか。おそらく、よほどの物知りでなければ、無理だろう。

多少、年配の方ならば、胃腸薬「タカヂアスターゼ」の開発者として、認識しているかもしれない。

「タカヂアスターゼ」は、高峰がイリノイ州の田舎町に小さな研究所を設立し、苦心惨憺して作りだした胃腸薬である。

効果的な胃腸薬が発明されていない当時において「タカヂアスターゼ」は、独歩の地位を築いた。

世界で初めて、アドレナリンの抽出に成功したのも高峰であった。結晶形として得られた最初のホルモンを動物の副腎髄質から、抽出したのも彼である。

高峰は学者としての顔だけでなく、奇抜な発明家であり――西南戦争に際して、熊本城と連絡を取るために、気球を飛ばした――、熱心な愛国者でもあった。

福沢諭吉、森有礼《ありのり》の『明六雑誌』に対抗して、『工業新報』を刊行したこともある。もっとも、同誌はあまり評判を呼ばず、経営悪化により、休刊の憂き目を見たのだが。

その人格は複雑であり、また時に恬淡《てんたん》ともしていた。

日本に生まれた、国際的人物の代表格というべき人物である。

∴

一八五四年十一月、譲吉は現在の富山県高岡市に生まれた。

高峰家は、代々医者だった。

譲吉の父、精一は、京都や江戸で蘭方医学を学んだ後、帰郷した。

オランダ語の書物、ビーカーやフラスコといった器具に囲まれて育った譲吉は、十歳にして加賀藩から長崎への長期留学を命じられた。幕末の混乱期に際して、藩は幼い俊才に、その命運を托したのであろうか。

藩が差配した船は、いわゆる千石船だった。玄界灘で難破し、暗礁にのりあげてしまったため、四十日かかって長崎に到着した。

長崎では、フルベッキの洋学校で学んだ。

フルベッキは、オランダ改革派の宣教師で、新婚早々の一八五九年に来日し、長崎の洋学所、佐賀藩の致遠館等で英語、フランス語といった語学から、政治制度や科学、軍事まで教授した。その門下から大隈重信、伊藤博文、横井小楠《しょうなん》らの人材が輩出している。

一八六八年、譲吉は長崎から京都、大阪に移り、緒方洪庵の適塾に移った。福沢諭吉をはじめとする錚々たる精鋭を輩出した学舎である。

さらに大阪仮病院に学び、大阪舎密《せいみ》局へ聴講に行って分析術を学び、一八七九年、設立されたばかりの工部大学（東京大学工学部の前身）に入った。

そこの学寮は全てが給費生で、制服から帽子、靴まですべてが官給品であった。三度の食事のうち一度は、西洋料理が供されたという。

第一期生は、三十二人。譲吉と同じ応用化学科を選んだのは六人だった。

工部大学の最終課程は、二年間の専門分野の実地研修に宛てられていた。

譲吉は、品川に新設されることになっていた、官営のガラス工場のための煙突づくりに従事しながら、化粧品の製造、販売も行ったという。

∴

一八八〇年二月、譲吉は横浜から出港し、グラスゴーに到着した。グラスゴー大学に留学するためである。

当時、グラスゴーには、譲吉を含めて、六人の日本人がいた。

譲吉はグラスゴーのブラウン家に寄留した。同家は、敬虔なプロテスタントであり、禁酒、禁煙の誓いを固持していた。譲吉は、酒は諦めたが、禁煙は、なかなかできなかったらしい。

一八八二年、留学課程を終えた譲吉はグラスゴーを去り、ニューカッスル、マンチェスター、ロンドンを転々とした。

特筆すべきは、ニューカッスルの人造肥料の工場で、実習に従事したことである。この経験が、帰国後、日本で最初の人造肥料工場を創設した際、いかされることになる。

横浜港に戻ったのは、一八八三年二月七日。

大西洋を渡り、アメリカ大陸を鉄路で横断し、サンフランシスコ経由で帰国した。

譲吉は二十八歳になっていた。

∴

帰国後、譲吉は、農商務省御用掛に任じられた。

初任給は八十円。

当時、小学校の教員の初任給は月額五円、警官は八円だったから、高給取りである。

一八八四年、譲吉は、アメリカのニューオリンズで行われていた万国博覧会への長期出張を命じられた。

政府が派遣した現地事務局要員は、譲吉と玉利喜造《たまりきぞう》（駒場農学校助教）、服部一三（東京大学幹事）の三人であった。

要員がわずか三人というところに、当時の政府が、あまり期待をしていなかったことが窺える。

同年九月二十八日、イギリスの客船オセアニックス号で、サンフランシスコに向けて出発した。

一年半の間に譲吉は、太平洋を二度、横断したことになる。

サンフランシスコから、ロサンジェルスを経由して、サザンパシフィック鉄道でニューオリンズに着いた。

ニューオリンズ万国博覧会の主旨は、「万国工業並びに米国の綿業百年期博覧会」が謳われ、南北戦争後の工業生産の進展を誇示していた。その中で日本の展示の貧弱さは、目もあてられないものだった。

とはいえ、譲吉は、この地で大きな収穫を得た。

生涯の伴侶、キャロライン・ヒッチと出会ったのである。

ニューオリンズから帰国した譲吉は、新設されたばかりの専売特許局に勤務することになった。

初代の特許局長は、高橋是清である。

是清は、幼時から横浜で育ち、外国人居留地で、さまざまな仕事に就いた後、ペルーで銀山の開発を試みたが、失敗し、無一文で帰国した後、日本の金融政策を長く掌《つかさど》った。

譲吉が、太平洋を横切っていた時、すでに是清は、特許局のあらましを造りあげていたのである。

譲吉の帰国と入れ替わるように、是清は欧米に出かけ、各国の特許事情の研究にとりくんだ。是清の留守中、譲吉は益田孝を訪ねた。

益田は元旗本。維新後は三井財閥の指導者として長期にわたって君臨し、茶人としても絶後の存在として敬慕されている人物であった。

譲吉は、益田に、日本では、地勢上、大規模農業は成りたたないと主張し、人造肥料の生産を提議した。

譲吉は、アメリカで、燐酸肥料（過燐酸石灰）六トンと、燐鉱石四トンを買い付け、日本に持ち帰っていたばかりでなく、有志の篤農家に説いて、試験的に肥料として、使ってもらっていた。

成績はすこぶる良く、収穫が増えただけでなく、不衛生な人糞を用いる不便をも、免れることができたのである。

益田は、即座に、譲吉の意図を見抜いた。

化学的に肥料を造ることができれば、農業は飛躍的に生産高が上がるだろう……。

益田は、財界の指導者たる渋沢栄一に、譲吉の企図が、食糧生産を飛躍的に伸ばすとともに、合理化できることを説いた。

かくして東京人造肥料会社が発足した。

渋沢栄一、益田孝、井上馨ら、財界の大物たちが、取締役に就いた。

資本金は二十五万円。

通称、深川釜屋堀と呼ばれた湿地を整備し、工場を建てた。

∴

一八八七年八月十日。

譲吉は、キャロライン・ヒッチと結婚した。

ヒッチ家は、ニューオリンズでも指折りの資産家一族であった。邸宅はふんだんなバラとシダで覆われ、婚礼には、地元の名士らが勢揃いしたという。

婚礼の後、すぐに二人は太平洋を横断し、横浜港に帰着した。

新居を本所にかまえた夫婦は、男児二人に恵まれた。

長男の襄吉と次男のエーベン・孝である。

エーベンは、義父の名前であり、孝は大恩人たる益田孝の名をいただいた。

燐鉱石に関わる事業と共に、製薬事業にも触手を伸ばしていた譲吉のもとに、ウイスキー・トラスト社から電報が届いた。

米麴のエッセンスの抽出に成功したというのである。

抽出成功の知らせに接して、譲吉は有頂天になった。

自らの仮説が、ついに実験で証明されたからである。

即座に、アメリカ行きを決めた。

しかし、人造肥料会社はどうなるのか……。

譲吉の求めに応じて出資をした渋沢は当然、いい顔をしない。

けれど、自ら企て起こした肥料会社は、すでに譲吉の眼中にはなかった。

後年、高峰が死去した際、渋沢栄一は葬儀の席で、かく語ったという。

「人造肥料会社の成績は散々な失敗に帰してしまった……これに閉口していたところへ、さらに高峰氏の米国行きがもちあがった。創立から三、四年目にかかったところだが事業が順境に向かうきざしもなく、万事これからと思っていたのが、その矢先に肝腎かなめの高峰氏に逃げられてしまっては、前途がまっ暗である。私はずいぶん、ひどく高峰氏に口説した。極力、彼の米国行きを引き止めようとした。しかし彼は米国との約束があるので、どうしても渡米しなければならぬという」

渋沢をここまで困らせた人物はそういない。

∴

サンフランシスコに上陸した譲吉は、鉄道でシカゴに向かった。

シカゴの醸造所での実験結果が良好だったため、ウイスキー・トラスト社は麴による酒造の本格的な工業化を進めるように、譲吉に求めたという。

イリノイ州のピオリアに大規模な工場を建てることになった。

譲吉の発想は、従来の原料である麦芽を米麴に切り換える、というものだった。

発酵させるデンプンは、穀粒ではなく穀皮《ふすま》を用いる。穀皮は、穀粒よりも格段に安い。

米麴のもつ、高い発酵能力を利用することで、劣悪なデンプンを原料にしながら、すぐれたアルコール発酵が可能になる、というのだ。

トラスト社は、譲吉の提案を即座に理解した。

トラスト社の社長、J・B・グリーナットは、オーストリアの出身。南北戦争に参加し、ピオリアに定住。牛の放牧を手がけた後、ウイスキー製造業に鞍替えした。

ピオリア在住中に千万ドルを稼ぎ、ニューヨークに転居して千八百万ドルの財産を築いた。

ピオリア市のために記念会館などを寄付している。

譲吉は、グリーナットの死後、彼を評して、「自分は米国に暮らし、この間上下種々なる人物にも会ってきたが、彼のような大人物は稀であった」と語っている。

一八九四年、譲吉は、強力な糖化作用をもつ酵素を分離することに成功した。この消化酵素を、タカヂアスターゼと命名し、同年二月二十三日、その製造法を米国特許庁に出願した。

かくして世界初の消化酵素剤、タカヂアスターゼが誕生したのである。

譲吉は、当時、アメリカ最大の製薬会社であったパーク・デイビス社に販売を委ねた。

タカヂアスターゼは、アメリカのみならず、世界各国で爆発的な売れ行きを見せた。

譲吉は、日本では外国人の手でなく、日本人の手で販売したい、という意思を提示していた。その意を汲んで、一八九九年、三共商店（現第一三共株式会社）が設立され、日本国内での販売も緒に就いたのである。

同年、譲吉は、タカヂアスターゼを開発した功績によって、東京帝国大学から工学博士の称号を受けた。起伏の激しい人生を送りながら、ついに成功者として、地位と名誉と、何よりも巨大な富を獲得したのである。

タカヂアスターゼは夏目漱石の『吾輩は猫である』にも登場している。

「妻君が袋戸の奥からタカヂヤスターゼを出して卓の上に置くと、主人は「それは利かないから飲まん」という。「でもあなた澱粉質のものには大変功能があるそうですから、召し上ったらいいでしょう」と飲ませたがる」（『吾輩は猫である』）

苦沙弥《くしゃみ》先生の細君が、「澱粉質」なるものの効き目を説くにいたるのだから、恐ろしい。

もっとも、漱石の胃弱はかなり進んでいたようなので、実際、澱粉程度では、効き目がなかったのかもしれないが。

∴

タカヂアスターゼの発明について、譲吉の業績として大きなものが、アドレナリンの発見と、結晶化の成功だろう。

一八九四年、ロンドン大学のG・オリバーとE・シェーファーは、副腎中のきわめて微量な化学物質に、血圧を上昇させる働きがあることを発見し、学会で発表した。

以後、世界中の化学者が、その、未知の化学物質を実用化するべく競いあった。

一八九七年に、ようやくアメリカの化学者J・エイベルが副腎から有効成分を抽出した。エイベルは、その物質をエピネフリンと命名した。

ほぼ同時期に、ドイツのO・フュルトも副腎から有効成分を抽出したと発表し、スプラレニンと名づけた。

しかし、エピネフリンもスプラレニンも純粋なものではなく、有効成分としては、使い物にならなかった。

パーク・デイビス社も、全社の化学者を動員して取り組み、タカヂアスターゼの発見者である譲吉を三顧の礼をもって招聘した。

譲吉は、デイビス社の依頼を受け入れ、研究を開始した。

デイビス社は、ニューヨークのセントラル・パーク・ウエストの、高峰のこぢんまりした研究室に、大量の牛の副腎を送りつけた。

譲吉は副腎髄質からエキスを抽出して、有効成分を抽出しようとするが、実験に必要な作業は繁雑をきわめた。

東大薬学科で助手として働いていた、上中啓三が、実験において優れた手腕をもっている、という評判を聞き、ニューヨークに呼び寄せた。

譲吉と上中は、副腎エキスを濃縮し、アルコールで蛋白質を取り去り、アンモニアでアルカリ性にすることで結晶を得ようとしたが、どうしても上手くいかない。

活路は、思いもかけない形で開かれた。

いつもは、実験が終わった後、試験管を洗うのが日課だった上中が、結果が出ない実験に倦《う》んで、試験管を放置したままにして、帰宅してしまったのである。

翌日、試験管の掃除をしようとしたところ、一本の試験管の底に沈殿が見られた。

上中から報告を受けた譲吉が調べると、結晶が沈澱していた。

つまりは、結晶化のためには、半日程度の時間が必要だったのである。

譲吉は、結晶をデイビス社に送付した。

そして、この結晶がまぎれもなく、副腎ホルモンであり、元のホルモンの千二百倍という高い濃度をもっていたことが分かった。

∴

一九二一年、ワシントンで海軍軍縮会議が開かれた。

加藤友三郎海軍大将を全権とする一行が訪米し、結局、今後十年間の海軍主力艦の比率は、英米十割、日本六割にするということで、軍縮会議は落着した。

同時に、渋沢栄一を団長とした経済視察団も渡米した。その折、接伴を仕切った譲吉は、そろそろアメリカを離れて、日本に帰りたい、と愚痴った。

渋沢は、譲吉を宥めた。

日米関係は、きわめて険しくなっている。あなたのように、長くアメリカで働き、数々の成果を上げた人は、どうあっても、この地にふみとどまって、日米の懸け橋として、働いていただきたい……。

∴

一九二二年七月二十二日。

譲吉は死去した。六十七歳であった。

妻、キャロラインは、プロテスタントからカトリックに改宗していたので、譲吉もカトリック教徒として、葬られた。

葬儀は聖パトリック教会で行われた。

六百人の会葬者の半分は、アメリカ人だったという。

御木本幸吉

Mikimoto Kokichi

1858-1954

真珠王として、一世を風靡した御木本幸吉の実家は、阿波幸という屋号で、うどんの製造と販売を家業としていた。

幸吉の祖父である吉蔵は、「うしろに目のある男」と言われたほど、商才に長けていたという。

家業のうどん製造だけでなく、鳥羽港を足場に大伝馬船《てんません》十艘と五棟の蔵を持ち、青物から薪炭まで手広く商いを広げて、鳥羽藩主稲垣家の御用達になった。

ところが幸吉の父である音吉は、幕末から明治にかけての変動をのりきれず、祖父が残した、五棟の蔵も手放してしまった。

商才には乏しかったが、音吉は機械や工具の工夫、改良には目はしが利いた。

重労働だった石臼の粉挽きを改良して明治九年に新しい粉挽きを発明し、業界に大きく貢献したとして、三重県庁から賞金として百円を授与されている。

明治八年。

イギリスの測量船が、鳥羽に入港した。

鳥羽の商人たちは、商品を小舟に積んで測量船の周囲をとりまいたが、水夫たちはまったく相手にしない。

幸吉もさまざまな商品を、積んでいたが、相手にされない。

そこで幸吉は、得意の足芸を披露した。

長く退屈な航海に倦んでいた水夫たちは興味を示し、幸吉を甲板に上げた。

幸吉が色々な物を使って足芸を披露したところ、水夫たちは商品を全部買ってくれた上に、測量船への出入りの自由も許可してくれた。

幸吉自身の語るところによれば、彼は芸能についても才能があり、京都から来た狂言師、野村又三郎に師事し、芸熱心を褒められた上に、免許まで戴いたという。

∴

明治十年一月。

明治天皇は、神武天皇陵親拝及び孝明天皇式年祭のため、横浜港から軍艦四隻で出港した。

ところが出港の翌二十五日に暴風雨にあい、鳥羽港に避難し、さらに二十六日には太政大臣三条実美《さねとみ》、参議伊藤博文、侍従長東久世通禧《ひがしくぜみちとみ》などの高位高官を従えて、鳥羽に上陸した。

一行は狭い町なかを抜けて、急遽用意された行在所《あんざいしょ》——常安寺——に入った。

多感な青年の目に、陛下一行の煌《きら》びやかさは、どれほどの蠱惑を映しだしたことだろう。

「東京に行かなければ、駄目だ」

翌年、幸吉は東京へと旅立った。

同じ町の森岡利右衛門が、東京に行くというので、連れていってもらったのだ。

幸吉は、芝、今井町にあった、伊勢松阪の出身者が経営している和泉屋旅館に宿をとり、東京はもちろんのこと、横浜や横須賀まで見学に行った。

当時、貿易の中心地は、横浜と横須賀であった。

いちばん衝撃を受けたのは、華僑が志摩産の乾燥海鼠《なまこ》、乾燥鮑、寒天などの海産物を、大量に、しかも高値で買いつけていたことだが、真珠が宝石に準ずる高い値段で取引されていることにも驚かされた。

京浜地方から帰った幸吉は、明治十二年、大阪と神戸を旅した。

その結果、幸吉は海産物商人として身を立てることを決断したのだ。

翌年、鮑、海鼠、天草などの取引に従事し、実績を上げた。

当時、海外での主要な取引先は、中国であった。

海産物を加工し、干し鮑やイリコ、寒天にすれば、付加価値が上がり、値も高くつけられたのである。

∴

明治十四年十月、二十三歳で幸吉は、元鳥羽藩士、剣道師範久米森造の長女うめと結婚した。うめは、八年の課程を学んでいた。

当時、女子教育は、四年が普通だったので、当時としては、かなり高い水準の教育を受けたことになる。

うめとの結婚は、きわめて有意義なものだった。

海産物商として、うめは敏腕をふるい、また資金繰りにも油断はなく、まさしく東奔西走して夫の事業を支えた。

しかもうめは、一男四女の母として立派に子供たちを育てている。

長女るいは、海軍中将武藤稲太郎と結婚した。次女みねは東京帝国大学理学士夫人、三女ようは御木本真珠総支配人池田嘉吉夫人、四女あいは東京文理大学名誉教授、文学博士乙竹岩造夫人、末っ子の長男隆三は、第一高等学校から東京帝大文学部、京都帝大経済学部をへてオックスフォード大学を卒業し、ラスキンの研究者として知られている。

幸吉は、三十八歳の時、うめと死別した。

以後、数人の女性が、幸吉の周囲にいたが、一人も、妻として迎えることをしなかった。

辛苦を共にした妻への、せめてもの手向けだろうか。

海産物商人として、頭角をあらわし、商いの規模を広げていった幸吉は貿易品としての真珠に、大きな関心を抱くようになった。

当時の天然真珠は、漁師が挟み獲りと名付けた方法で獲ったものや、海女が獲った貝から出てきたものを、商人が買い取っていた。

明治二十一年、幸吉は、真珠商人として、本格的に立つことを決断した。

明治初年以来、中国へは『俵物三品』と呼ばれたイリコ、干し鮑、鱶鰭《ふかひれ》や、天草、昆布などが、欧州向けには、生糸や茶が輸出されていた。天然真珠も、数こそ少ないものの、多少の収益があった。

明治二十年には、英照皇太后（明治天皇の嫡母）の真珠お買い上げに際してその鑑定を宮内省から依頼されるようになっていた。

天然真珠は、稀少なものであり、どうしても数が少ない。

幸吉は、悩んだ末に、大日本水産会の幹事長、柳楢悦《やなぎならよし》に、面会を申しこんだ。

柳は、海軍の水路部長を務めた予備役海軍少将で、のちに第一回貴族院議員に勅撰された人物である。

地方の青年が面会できるような人物ではなかったが、柳はかつて伊勢藩の藩士であり、伊勢、志摩に格別な思いをもっていた。

柳は、鳥羽の幸吉に、親しみをもって接したという。

幸吉は、柳に真珠が乱獲され激減していることを訴え、養殖事業の必要性を力説した。

柳の権威を背景にして、神明浦《しめのうら》の漁民を説得できれば、養殖事業を進展させられると幸吉は考えたのだ。

明治二十一年八月十三日。

柳は御木本家を訪ねた。

幸吉からの依頼を思い出して、伊勢新聞社長の松本宗一の息子、恒之助を同道していた。

幸吉は、さっそく二人を英虞《あご》湾、神明浦に案内し、真珠養殖の可能性を説いた。

九月には遠浅の海に杭を打ち、棕櫚《しゅろ》の縄をはりめぐらした。小枝や石、瓦を吊し、真珠貝の稚貝を付着させようという目論見である。

それから三ヵ月。

幸吉は、縄に吊した小枝、石、瓦などに、真珠貝の稚貝が付着しているのを発見した。

稚貝は、ごくわずかだったが、とにかく貝の養殖は「成功」したのである。

明治二十三年四月一日から第三回内国勧業博覧会が、東京で開かれた。

長崎、高知、三重、沖縄、石川が天然真珠を出品した。

一方幸吉は真珠だけではなく、生きた真珠貝を展示して放養し、その斬新さは注目を浴びた。

明治二十五年七月、東京帝大の佐々木忠次郎理学博士が、英虞湾内の真珠貝の成育と海底の深浅、土質の硬軟、潮流、水温などの連関を調べて、真珠研究の土台を作り上げた。

しかしその後、真珠貝にとって最も恐ろしい赤潮が発生し、神明浦の貝は全滅した。

幸吉は、損害の大きさに茫然としながらも、諦めずに、真珠の養殖に励んだ。

明治二十六年七月十一日。

幸吉は、妻のうめと二人で、鳥羽浦相島《おじま》（現ミキモト真珠島）で実験のために施術した貝を引き上げた。

その時、うめの開いた貝の中から、夢にまで見た真珠を見つけた。

片端から貝を開いてみると、わずか数個ではあったけれど、真珠が出てきたのである。

かくして御木本真珠養殖場が設立され、田徳島とその周辺の漁場六万坪を借りて、養殖場は発足した。

幸吉は抜け目なく、真珠養殖技術の特許を出願した。

この特許は発明者を御木本幸吉とし、明治二十九年一月二十七日付で許可された。

特許の取得で、御木本は養殖事業をしばらくの間、独占できるようになった。

ところが、その四月。愛妻、うめが死んだ。

うめは卵巣水腫と診断され、京都府立病院で切開手術を受けたが、手遅れだった。

夫の事業の成功を見届けられたのが、せめてもの救いだった。

∴

明治三十二年三月。

幸吉は銀座裏の弥左衛門町に、実弟斎藤信吉を主任として天然真珠と養殖真珠の販売のための御木本真珠店を開店した。

店舗はごく、こぢんまりとしたもので、家賃は月十二円だったという。

しかし幸吉の野望は大きかった。

ささやかな店舗を構えたばかりなのに、世界を相手に商売をしようと目論んだのである。

明治三十七年にはセントルイス万博に出品した後、ロンドンの博覧会にも出展している。

そして明治四十四年、ロンドンの宝石商の中心市場であったハットン・ガーデンのダイヤモンド・ハウスに、イギリスと共同で支店を設けることになった。

幸吉は、真珠の質を追求するだけでなく、装身具としてのデザインを洗練する必要を痛感していた。

幸吉は、小林豊造に、白羽の矢をたてた。

明治三十六年に文部省から派遣され、欧米の貴金属技術を研究、調査した人物である。

小林は、東京高等工業学校の教員であったが、当時、最も斬新な装身具を作っていた村松万三郎商店の顧問を兼ねていたのである。

明治四十三年、幸吉は、小林を工場長として迎え入れた。

かくして幸吉は、特許権に守られて、独占的な地位を獲得するなかで、小林にダイヤモンド研磨の技術も身につけさせたのである。

この小林豊造は、日本を代表する文芸評論家、小林秀雄の父である。

大正十二年九月一日。

関東大震災が起きた。

銀座四丁目の御木本真珠店は全焼。内幸町の第一工場も倒壊した。

折しも皇太子御成婚式用の装身具を制作中であったため、幸吉の心痛は大きかったが、幸い、御下命の装身具は、無事だった。

幸吉は、猛火と被災者の波をかきわけ、やっとの思いで、それらを宮内省に運びこんだ。

全焼した真珠店は、震災後いち早く、元の場所で、木造二階建てで再建された。

大正十三年十一月、幸吉は多額納税者として貴族院議員に勅撰されている。

御木本の養殖漁場は、大正末年にいたるまで、順調に拡張されていった。

ようやく、一息ついた翌十四年十月、大阪朝日新聞に次のような記事が掲載された。

「三重県の前多額議員にして真珠王として、その名を知られた御木本クンと立神村民との間に、同村沖合の漁業権問題の争ひがおこつて居る。双方とも相当ないひ分があるらしい。ことにそれを法律的に見た場合、どちらが有利な立場にあるかといふことは、最初からの事情を知らない第三者の立ち入るべきことでないが、しかしこれを条理上から見るならば、問題の解決は別に困難なものではあるまい」

母貝一貫目が、五十銭であった二十年前の報償額を、その相場が十倍になっている現在、据え置くことが理にかなっているのか、当局の決断を待ちたい、という主旨の記事であった。

幸吉は、強く反発した。

県知事は当初、御木本に肩入れをしていた。

村民たちは、百人もの動員をかけて、御木本に圧力を加え続けた。

年の瀬もせまった十二月二十八日。

村長や組合長は、県庁に出頭し、知事に組合総会の決議を報告した。

一方、幸吉は、一度も県庁に出頭せず、この日の最終決定にも、代理人を送り込んで知事をなじった。

代理人の発言に、知事は憤然とし、かく語ったという。

「御木本は、まるで大臣か貴族のような態度に出ているが、主人が主人だから君たちまでそういう態度に出るのだ。自分はかりそめにも一県の知事である。礼を失した言は慎まれたい……」

結局、この闘争は村民の勝利に終わった。

翌十五年の初春、冷潮に襲われて多数の真珠貝が死んだ。真珠業者は生き残った貝を暖かい海に移す必要があった。

ところが幸吉は、県知事を動かして、英虞湾内の真珠貝の移動と、湾内での真珠貝採捕を禁止する県令を発布させようとした。

冷害で少なくなった真珠貝を湾外に移動したり、採捕したのでは、将来英虞湾内の真珠貝が絶滅する、というのが表向きの理由だが、要は母貝を独占しようとしたのだ。

幸吉は、着々と手を打っていた。

養殖場の本拠を英虞湾から、より水温の高い度会郡《わたらい》五ヶ所湾に移したのである。

ところが、県令公布の直前、伊勢新聞に大きく記事を書きたてられ、目論見が暴露され、企ては失敗した。

幸吉は、特許の面では技術の独占に敗れ、漁場や母貝の独占でも抵抗にあっているが、業界での地位は、微塵も揺らがなかった。

昭和二年には、発明界に貢献したとして、勲四等瑞宝章が、翌三年に帝国発明協会会長から頌功辞が贈られた。

さらに昭和五年には、天皇から、鈴木梅太郎、本多光太郎、丹羽保次郎ら、一流の学者、発明家十人とともに発明家優遇のための賜餐を受け、同十六年には、皇太后陛下（貞明皇后）から、杖を賜っている。

長く御木本と争っていた日本真珠養殖組合は、御木本と手を結ぶために解散した。

昭和三年九月には、幸吉を組合員に迎えて新しい大日本真珠組合が発足している。

昭和九年には、幸吉自身が日本養殖真珠水産組合長になり、十三年には、真珠母貝組合長に迎えられた。

昭和二年二月。

幸吉は、ニューヨークでエジソンに面会した。

エジソンは上機嫌で、自分も、いろいろ工夫したけれど、ダイヤモンドと真珠だけは人工的に作れなかった、と幸吉に語りかけた。

「あなたは、動物学を基礎にして、人工で真珠を作り上げたのが凄い。しかも西洋人ではなく、アジア人として成功したことは、感嘆すべき業績だ」とほめたという。

実はこのエジソンとの面会には布石がされていた。

カリフォルニア大学のジョルダン博士を通して、人工真珠を日本人が発明した、と宣伝しておいたのである。

エジソンに会う前にすでに段取りはすんでいて、世紀の会見も、その効果も、幸吉にとっては、織り込みずみだったのである。

∴

幸吉は、昭和十九年末に、鳥羽から新多徳へ養殖場を移した。

新しい時代に添うために、改めて経営の近代化を図ろうとしたのである。

昭和二十四年二月、資本金二千万円で、御木本真珠株式会社が設立され、初代社長として幸吉が就任した。

空襲で再び焼失した銀座の御木本本店も、終戦後の十二月には、元の地に新築、開店した。

∴

昭和二十九年九月二十一日、幸吉は胆石を患い、九十六歳で逝去した。最後の場所は、養殖場のある新多徳の自宅であった。

ヘンリー・フォード

Henry Ford

1863-1947

二十世紀は、アメリカの時代であった。

二度にわたる世界大戦を制し、社会主義陣営を圧伏しながら、繁栄を謳歌し続けた――その間、何度か、大小の不況を経験したとしても――地上最大の帝国として二十世紀に君臨してきた。

二十世紀、アメリカは世界文明に大きく寄与した。油田開発によるエネルギー革命、津々浦々を結ぶ鉄道網、湯水のように溢れんばかりの収穫をもたらした農業の技術革新、映画、ラジオ、テレビなど娯楽の勃興と大衆化……。

その中でも、やはり特筆すべきは、自動車の発明と普及であろう。

自動車、特にガソリン自動車は、アメリカ独自の発明ではない。一八七〇年、オーストリアの発明家が、ガソリンを燃料にして走る荷車を発明したのが始まりで、その後、ドイツの発明家がガソリンエンジンを開発し、さらにドイツのゴットリープ・ダイムラーがそれを改良してガソリン自動車の販売を始めた。

けれども、自動車を単なる「馬なし馬車」ではなく、人間生活の新しい局面を切り開く発明として作り上げ、普及させたのは、アメリカに他ならない。

アメリカ建国精神の本質的価値である「自由」を、すぐれて精神的な価値であるばかりではなく、物理的な拡がりと豊かさをもうらづけたのが、自動車であった。

どこにでも行ける自由、一人で大陸を横断し、あるいは都市へ、郊外へ、働き口を探し、あるいは、山に河に遊びに行く。

自動車に乗って生活必需品を購入し、あるいは市場に農産品を売りに行く。中間搾取の介在しない、個人同士の取引も可能になった。

このアメリカにおける自動車の普及を先導したのが、ほかならぬヘンリー・フォードであった。

∴

日米貿易摩擦たけなわの一九八〇年、トヨタ自動車のジャスト・イン・タイム方式（ＪＩＴ）と、そのシステム運用についての考え方について調査に訪れた、コンサルティングプロダクティヴィティ社のノーマン・ボーデク社長は、JITの考案者であるトヨタの技術者、大野耐一《おおのたいいち》（当時、トヨタ自動車工業株式会社相談役）を、質問攻めにしたが、大野の答えはシンプルなものだった。「すべてヘンリー・フォードの『自伝』から学んだのです」

驚くべきことに、ボーデクが、同書——正式なタイトルは『Today and Tomorrow』——を入手するのに、相当の月日が必要だったという。この稿を起こすにあたって、私の手元にある、フォードの自伝、伝記は今のところ前掲の自伝——『ヘンリー・フォード自伝　藁のハンドル』竹村健一訳——も含めて四冊で、『技術者ヘンリー・フォード』ルイーズ・ネイハート著、村岡東吾訳と、「ヘンリー・フォード」井上忠勝（『20世紀を動かした人々第四巻』所収）、『デトロイト・モンスター　自動車王フォード　ザ・アメリカ　勝者の歴史8』大森実、だ。

ヘンリー・フォードの成した偉業を思えば、その著書が入手困難であるというのは、信じがたい。

ボーデクは、その自伝を読み、フォードがなした偉業に、素直に賛辞を連ねている。

「彼は、欠陥ゼロの生産によって、製造工程の最後に品質点検をする必要をなくすことについて語っている。彼は、労働者が自分たちの実際に作っているものから、利益を得られるようにすべきであると強く信じていた。また、自動車の価格を半分に引き下げ、労働者の賃金を日給二ドルから五ドルに増額した。／賃金を二倍強にし、同時に製品の価格を引き下げるなど、途方もないことである。しかしフォードは、彼の生産システムをもってすれば、労働者が過去のあらゆる期待値以上に生産性を向上させ、それによって消費者価格を引き下げてくれると信じていた。彼の夢は、自動車を、欲しければ誰でも入手できる商品にすることによって、社会を改善することであった」(『ヘンリー・フォード自伝　藁のハンドル』)

そして、フォードは社会を、文明を根底から覆したのである。その革命は、全世界の自動車メーカーに引き継がれ、今日も自動車がもたらす自由な移動という恩恵を与え続けている。

∴

ヘンリー・フォードは、一八六三年七月三十日に生まれた。奇《く》しくも同年、若きジョン・ロックフェラーが、クリーブランドで石油精製会社を興している。

その父、ウィリアム・フォードは、アイルランドのコークに生まれたが、アイルランド人ではなく、イングランド人であった。

ウィリアムは、当時まだ準州だったミシガンのディアボーンに移住した伯父たちを頼りに、一八四七年、大西洋を渡り、八十エーカーの農地を手に入れた。そしてウィリアムは、オランダ系アメリカ人のメアリ・ライトゴットと結婚。二年後、ヘンリーが生まれた。

少年時代、書字は苦手だったが機械となるとお手の物で、十三歳の誕生日にプレゼントされた懐中時計を分解し、その機能を完全に把握し、近所の時計を無料で修理したという。だが一方で、農作業を嫌い、農地に執着する父に反発し、十六歳の時に家を出てデトロイトに赴いた。

当時のデトロイトの人口は十一万。北米を代表する工業地帯だった。

ヘンリーは、バルブ製造工場に雇われたが、見習工としての賃金は安く、宝石店で夜中に時計修理のアルバイトをして、凌いだ。

ヘンリーは、懐中時計製造の会社を設立しようと夢想したが、懐中時計は日用必需品ではない。一般の人は、買わないだろう、と考えてその計画をとりやめた。富裕な人々ではなく、大衆を顧客として考える、フォードの価値観はこの時早くも芽生えていたのである。

ヘンリー・フォードは、バルブ工場を九ヵ月で辞めた後、デトロイト・ドライドック社に勤務した。

同社は、当時デトロイト最大の造船会社であり、そこでフォードは、エンジン工場に配属された。三年間、同工場に勤務した後、一人前の機械工になり、ウエスティングハウス社のデトロイト代理店で、巡回技師として働くことになった。

フォードは、農民たちが収穫期に、脱穀などのために利用する蒸気機関を備えた農場用機関車(ファーム・ロコモティブ)を、求めに応じて整備、修理する仕事についた。

フォードは農場用機関車を整備することに飽き足らず、自ら機関車を製造しようと考えるようになった。

彼が試みたのは、軽量小型の農場用機関車であった。農場で鋤《すき》を牽引したり、脱穀したりすることのできる、安価なファーム・ロコモティブを作れば、大きな需要が見込めると考えたのである。けれどもその場合、ボイラーの設計が難関となることも、初めから予期していた。

フォードは二年の間、各種のボイラーについての実験を続けた。その結果、彼が学んだのは、軽量の機関車を作るためには、ボイラーを小さくしなければならないこと、そのためには、きわめて頑丈な、つまりは高い圧力に耐えられるものでなければならないこと、そしてそれは当時の技術では実現できないことを認識せざるを得なかった。

軽量で安価なファーム・ロコモティブを作るという企てに挫折したフォードは、父の経営するディアボーンの農場に帰った。

父は、フォードが機械工としてのキャリアを断念するのならば、四十エーカーの土地を提供しよう、と申し出た。

フォードは、エンジニアとしてのキャリアを手放すつもりはなかった。彼は父が提供してくれる農地を、新しい工場の敷地にしようと目論んだ。

フォードは木を伐採し、小屋を建て、工場の体裁を整えた。

そして隣接する農場の娘である、クララ・ブライアントと結婚した。フォードについての毀誉褒貶は激しいが、妻クララについては、どの伝記作者も、その人格の高さを認めている。

∴

フォードが機関車に取り組んでいる間、ヨーロッパでは内燃機関が長足の進歩を遂げていた。

ドイツのゴットリープ・ダイムラーは、一八八五年、ガソリンを燃料とするエンジンを完成させ、木製自転車に取り付けて路上を走行させた。

ほぼ同時期、同じくドイツのカール・ベンツはガソリン・エンジンを搭載した三輪車を開発した。

一八九一年、フランスでパナールとルバッソールが、ダイムラーの機関を搭載した四輪の自動車を製作し、現在の自動車の原型を作り上げた。彼らの「自動車」は、四輪でチェーンを媒介した変速機を備えていた。

アメリカでも、デュリア兄弟によって、ガソリン自動車が開発されている。

結局フォードはディアボーンの農場を去り、デトロイト・エジソン社の技師になった。フォードの回顧譚によると、内燃機関の開発をするには電気系統の知識を身につけなければならない、と思ったからだという。

エジソン社で働きつつ、フォードは薪小屋を作業場にして自動車の製作に取り組み続け、一八九六年の初夏、薪小屋で最初の一台——二気筒四サイクルのエンジンを備えている——が完成した。彼の「自動車」は、世間の注目は集めたものの、まだ「実験」の域を越えるものではなかった。

一八九九年、投資家たちの一万五千ドルの出資を得て、フォードは、デトロイト自動車会社を設立した。

出資者たちとの関係は、初めから波乱含みであった。当時、自動車は、実用品ではなく、むしろ贅沢品であり、富者が豪奢を誇示するための、新しく輝かしい、トロフィーのようなもの、あるいはスポーツ好きの金持ちのための、玩具と、世間から見なされていた。

だが、フォードにとっての自動車は、まったく異なるものだった。

彼は自動車を、つましい生活を送っている普通の人々の暮らしを拡大する、画期的な道具と考えていた。

一九〇三年、デトロイト自動車会社を離脱したフォードは、フォード自動車会社を設立した。デトロイト自由新聞に掲載した、A型フォードの広告は、これまでの自動車に関わる宣伝、広告とは著しく異なるものであった。

フォードは、市電などの公共交通に依存することの煩わしさを強調しながら、適度の投資をおこなって自動車を購入すれば、いつでも思い通りの場所へ赴くことができる、時は金なりというモットーを奉じながら、実際にその通りに働き、生活している人々は、ほとんどいないということを説明した。

持ち時間を勝手気ままに費やすことのできる金持ちではなく、時間に追われる庶民、大衆こそが、自動車を必要としているし、まさしく自動車は、大衆にとっての、福音になるべき機械であると説いたのだ。

A型は、実用を主体とした、世界で最初の大衆車だった。最初の年、A型は千七百八台売れた。

現在の水準から見れば、ごくつましい売り上げだが、当時としては、驚天動地の、売り上げであった。

一九〇八年三月十八日、T型フォードのカタログが、ディーラーに配布された。

T型の特徴は、ヨーロッパ式の右ハンドルではなく、左ハンドルに固定されたこと。第二にトランスミッションがボディに収納されたこと、第三にシリンダーを一つのブロックにまとめたことが特徴で、さらに軽量で硬質のバナジウム鋼がふんだんに用いられていた。

だが、最も衝撃的だったのは、その価格だった。ビュイック、シボレーといったライバルに決定的な差をつける、八百二十五ドルという低価格に設定されていたのである。

発売日は、十月一日だった。

T型は半年で、二千五百台余り売れた。

当時としては、大ヒットである。

注文は増えるばかりで、生産力の向上が焦眉の急となった。

フォード社は各種のメーカーから部品を調達していた。T型の爆発的ヒットは、個々の部品メーカーの生産能力では到底追いつかない、莫大な需要をもたらした。フォードは、部品の社外調達を止め、ボルトからエンジンまですべてを社内で生産することにした。その工程は、シカゴの食肉工場をモデルとして設計された。

生きた牛を、工程を重ねて、食肉、内臓、骨などの部位に切り分け、精製し、加工するシステムは、実際には「解体」していくシステムだったのだが、フォードは逆に、工程を「組み立て」られていくベルトコンベアのシステムへと逆転させたのである。

部品・規格の統一、秒単位の工程管理により、T型の生産効率は、年々向上していった。そしてフォードは、生産性向上から得た果実を、顧客に還元した。一九〇九年、九百五十ドル（生産台数一万三千八百四十台）だったT型は、一九一六年には三百六十ドル（五十八万五千三百八十台）にまで値が下がった。

フォードの努力は、商品価格の引き下げ、生産力の向上ばかりではなかった。

一九一四年一月五日、フォード社は二十二歳以上の労働者の日給を、五ドルとすることを発表した。会社が蓄えた、莫大な利益を、工場労働者に還元したのである。

資本と労働の対立が、当然であった資本主義の全盛期において、あまりに唐突な提案であった。大企業の経営者は困惑し、フォードの存念がいかなるものか、測りかねた。

一方、五ドルという夢のような日給に釣られて、全国からハイランド・パークのフォード自動車工場に、労働者がつめかけた。残念ながら、当時のフォード・モーターは、それだけの労働者を雇うことはできなかった。

賃金引き上げに関わる、フォードの企みは、奥深いものだった。

フォードは、高い賃金こそが市場を創設すると考えていた。

労働者は、賃金を稼ぐ存在であると同時に消費者、購買者だ。だから、彼らの賃金が増えれば増えるだけ、市場は拡大する、とフォードは信じていたのである。

そして、その信念は正しかった。

アメリカがアメリカであることを、ヘンリー・フォードは、実証して見せたのである。その、自らの、何にも、既成観念にも、権威にも、過去の事例にもよらない、発想と信念によって。

∴

一九一四年六月二十八日。

ボスニアの首都、サラエボを旅行中だった、ハプスブルグ家の帝位継承者であるフェルディナンド大公夫妻が、セルビアのナショナリストにより、暗殺された。

オーストリアは即刻、セルビアに対して宣戦布告し、三国協商を結んでいたロシア、フランス、イギリスも、ドイツとの戦争状態に入った。

アメリカは、中立を維持していたが、ドイツの潜水艦により、イギリス客船ルシタニア号が撃沈されると——百二十八名のアメリカ国民が犠牲となった——ウッドロー・ウィルソン大統領は、ドイツに対して強硬姿勢をとるようになった。

ヘンリー・フォードは、『デトロイト・フリープレス』の依頼に応じて、「戦争を停止することができるなら、私は全財産を投げ出してもよいのだ。人民を戦場に行かせないようにすることができれば、為政者は独りぼっちで戦わなければならなくなるではないか」という、談話を発表した。

大戦は長期化し、それまでの戦争の観念を覆し、一日に二万人の兵士が斃《たお》れる、想像を絶する状況を呈した。

フォードは、大戦で用いられた火薬を作る硝酸を肥料にすれば、全世界の農場をまかなえるようになるといった過激な反戦論を、メディアに語った。

そんなフォードに世論は厳しかった。

全米で、T型車の購入がキャンセルされ、「愛国者」によるボイコットが行われた。

自身も愛国者であったフォードは結局戦争に協力することになった。

海軍省からの魚雷艇の発注を承諾し――大西洋で跳梁していたドイツ潜水艦への対抗処置として魚雷艇の増産は国是になりつつあった――、陸軍省にヘルメット、ガスマスクを納入した。

ここで彼の発明したフォード・システムが多大な貢献を果たしたことはいうまでもない。

第一次世界大戦後、フォード・システムは世界中に普及し、産業を大きく発展させ、大量生産による安価な商品は、人々の生活を豊かにした。

一方で失われたものもあった。

チャップリンの『モダン・タイムス』が公開されたのは一九三六年。

チャップリン扮する主人公のチャーリーはベルトコンベヤの前で一日中ネジを回す作業をしていたため、精神に異常をきたし、トラブルを起こしてしまう。巨大な歯車にチャップリンが巻き込まれていくシーンは有名だ。

大量生産システムに組み込まれ、機械の一部になってしまった人間が尊厳を回復しようとする様が、この映画では描かれている。

ヘンリー・フォードは第二次世界大戦後の一九四七年、故郷のディアボーンで死去した。八十三歳だった。

彼は大量生産のシステムを作ることで、企業と労働者がともに繁栄の道を歩めると信じていた。

小林一三

Kobayashi Ichizo

1873-1957

近代日本の経営者、財界人のなかで、最も独創的なのは誰だろうか——。

明治以来、あまたの財界人が澎湃《ほうはい》と登場した。松下幸之助、渋沢栄一をはじめとして、岩崎弥太郎、益田孝、中上川《なかみがわ》彦次郎、原三渓、松永安左衛門……。

それぞれが強力な個性をもち、価値ある事業を作り上げた人物だが、こと独創的ということになると、評価は難しい。

彼らは欧米の経営者たちが作り上げたビジネス・モデルを真似て、わが国の文化、風土に馴染むように手を加え、適合させた。

資源も金もないわが国を、一流の工業国、貿易国にした、先人たちの偉業は尊敬に値する。

とはいえ、その「偉業」が輸入品であり、コピーであり、模倣品だったということもまた、否定できない。

そんな中で、只一人、世界的にも類例のない、独創的な経営者と、正面から呼ぶことができるのが小林一三である。

現在、鉄道のターミナルと百貨店を結合するのは、ごく当たり前のことだ。今日では一般化したこのモデルを世界で初めて創始したのが、一三である。

一三はさらに沿線にサラリーマン向け住宅を建てて分譲し、阪急電鉄の終点に宝塚歌劇劇場など娯楽、観光施設を建てている。

百貨店、鉄道、不動産、娯楽という事業は、たしかに個別には存在していたが、その要素を緊密に結びつけた一三は、やはり「天才」の名に値する企業家といえるだろう。

一三は電力事業や製罐、製鋼、化学産業にも関わっている。映画、演劇といったソフトから、重工業にいたる、事業のレパートリーの広さは、やはり絶後と、言うべきだ。

第二次近衛内閣の商工大臣、幣原《しではら》内閣の国務大臣兼復興院総裁として、二度、閣僚を務めている。

∴

小林一三は、明治六年、山梨県北巨摩《こま》郡韮崎《にらさき》町に生まれた。その名前は、誕生日が一月三日だったことに因《ちな》んだという。

小林家は富農で、農業だけでなく、酒造や生糸などを手広く商っていた。母のいくは家つき娘であった。甲州でも一、二と言われた豪農の丹沢家から婿として甚八を迎えて、一三を産んだが、産後、半年にして病死し、父甚八は、実家に戻った。その後、甚八は、甲州の酒造家、田辺家に婿入りし、七兵衛と改名している。

甚八改め七兵衛は、田辺家に四人の男子をもたらした。長男の七六は、衆議院議員となり、中央電力、日本軽金属の社長を務め、次男宗英は、後楽園スタヂアムの社長、三男の多加丸は、日本勧業銀行の理事になっている。つまるところ、七兵衛の息子たちは、いずれも一廉《ひとかど》の人物となったわけだ。

一三は数え年三歳で家督を相続した。

跡取りであったため、周囲からの羈絆《きはん》を受けることなく、野放図に振る舞っていたという。

韮崎の小学校を卒業した後、当時、地元では最も先鋭的で英語、数学を教授する、八代の加賀美嘉兵衛の成器舎の寄宿生となったが、翌年、腸チフスに罹り、休学を余儀なくされている。

∴

明治二十一年二月、一三は、上京し慶應義塾に入学し、当時、塾監の任にあった益田英次（鈍翁《どんおう》益田孝の弟）の家に下宿した。

慶應在学中、一三は演劇と文学に耽溺した。坪内逍遙が『小説神髄』を発表し、尾崎紅葉、山田美妙、二葉亭四迷、幸田露伴ら、明治文壇を担う豪傑たちが澎湃として登場していた頃である。一三が昂奮するのも無理はない。

しかも一三の慶應における保証人であった高橋義雄（箒庵）は、書肆《しよし》金港堂と懇意で、自らO・ヘンリーの翻訳を手がけていた。保証人が先を切って文学の道を歩んでいるのだから、一三が勇みたつのは当然のことだろう。

高橋は、時事新報の記者になった後、三井銀行に入った。一三は文学への志を捨てがたく、当時、文芸新聞として名を馳せていた都新聞の記者を目指したが――当時、新聞の連載小説の執筆は記者の領分だった――、同社の内紛により果たせず、結局、高橋の斡旋で三井銀行に勤めることになった。

∴

明治二十六年、一三は、十等手代月給十三円という身分で、日本橋室町の三井銀行本店に勤務することになった。

初めに配属されたのは、秘書課だった。

毎週一回、三井財閥の最高決定会議である仮評議会が、本店三階で開かれる。

総本家の三井八郎右衛門、三井高保、中上川彦次郎、益田孝、三野村利助、渋沢栄一ら、お歴々が集まった。

一三の仕事は、その席で茶や弁当を配るくらいのものだったが、財界の巨頭たちの議論に、直接触れることができたのは、貴重な体験であった。

同年九月、一三は大阪支店に転属となった。兄貴格の高橋が呼んでくれたのである。転勤に際して秘書課長から「大阪に行くと必ず悪いことを覚える」と注意されたが、その通り、すぐに遊里に通い始めた。

「人力車の勇ましい音に驚いて、私は振返って見た。車上の人は艶色矯態、満艦飾の舞妓姿である。芝居の舞台と絵画とによって知っている活きた舞妓を初めて見たのである。（中略）もし、大阪から色街を取除けるものとせば、すなわち大阪マイナス花街、イクオール零である、と言い得るほど、花街の勢力は傍若無人であったのである」（『逸翁自叙伝』）

一三が二十一歳の八月、日清戦争が始まると、広島に大本営が置かれ、一三は大阪から広島への現金輸送に従事した。

二十三歳の時、岩下清周《きよちか》が、大阪支店長として赴任してきた。岩下との出会いは、あらゆる意味で、一三にとっては巨きなものだった。

信州松代に生まれ、東京商法講習所に学んだ岩下は、母校で教鞭を執った後、明治十一年、三井物産に入社、アメリカ、フランスに在勤し、品川電灯会社を創立した功績で財界の信認を得て、三井銀行の支配人となった。

岩下の融資方針は大胆きわまるものであった。鉄商として名を馳せた、津田勝五郎に対して、たびたび巨額の当座貸し越しを見逃していた。また、これまで銀行が融資をしなかった、北浜の株式市場や堂島の米相場にも、資金を提供した。貸付係の一三は、いつもはらはらさせられた。

明治三十年、岩下は横浜支店に左遷された。藤田組への金融援助を三井銀行理事、中上川彦次郎に批判されたためである。

岩下は、三井銀行を辞め、藤田伝三郎と北浜銀行を設立した。一三は、岩下の配下と目されており、当然、北浜銀行に行くものと見られていた。実際、同僚だった堂島出張所主任の小塚正一郎は、岩下の膝下についた。

一三は、懊悩した。

岩下は小塚を支配人に、一三を貸付課長にするつもりでいたらしい。

新しく大阪支店長として赴任した上柳清助からは、岩下の元に行くのか、三井に残るのか、態度をはっきりさせてほしいと要求されたが、一三は決められないでいた。

結局、一三は貸付係から預金受付係に左遷されながらも、三井銀行に残った。

∴

岩下は、北浜銀行の頭取に就任すると、財界に限らず、軍部の巨頭――山縣有朋、桂太郎、寺内正毅《まさたけ》――とも深い関係を結び、衆議院議員となり、大阪を代表する政商となった。

北浜銀行は、大胆な融資で規模を拡大したが、大正三年、二回にわたって取り付けにあった末、岩下は背任横領に問われて有罪判決を受けた。

大阪一の料亭とうたわれた大和屋主人、阪口祐三郎は、大阪のために尽くしてくれた、岩下の名誉回復を企てた。

岩下の事業の中でも、生駒トンネルの開通は大事業で、当初、七十五万円の予算が三百万に膨らんだが、結局、為し遂《おお》せた。

「岩下さんという方は実に気の毒や。あんな人をほっとくのは、大阪人の恥や、自分のことは放っておいて、大阪に尽くした人やから、ぜひ、銅像を立ててあげたい。ひとつ協力してほしい」と、阪口は一三に持ちかけた。

一三は、趣旨には賛成したが、御遺族の意向が気がかりだった。阪口が遺族にもちかけると、御厚意は嬉しいが……という返事だった。債権者の問題などがあったのだろう。

阪口は、少女歌劇を最初に企画したのは、自分だと言っている。六十人くらい、芸者を抱えていたので、彼女たちを使って舞台をやったら、と考えていたら、一三に先手を打たれてしまったのだという。

∴

明治四十年、小林一三は、阪鶴鉄道の監査役になった。

阪鶴鉄道は、現在のＪＲ舞鶴線と福知山線を経営する私鉄会社だったが、明治三十九年に公布された鉄道国有法によって政府に買収されることになっていた。

一三が阪鶴の監査役を務めた期間は短いものだったが、新しく大阪を起点とし、池田、宝塚、有馬を結ぶ電気軌道を設立しようとする計画が建てられた。一三は、土居通夫、野田卯太郎ら関西財界のお歴々を相手に、失権株すべてを自分ひとりで引き受けるという、大胆な提案をした。

土居らは、一三が自分たちに一切迷惑をかけないこと、会社を解散する場合は株主に証拠金すべてを返し、証拠金五万円は一三が支払うという厳しい条件の下、新しい鉄道——箕面《みのお》有馬電軌——の経営を一三に委ねた。

明治四十一年十月、一三は『最も有望なる電車』というパンフレットを一万冊、大阪市内で配布した。

パンフレットは、問答形式で編まれている。

「箕面有馬電気軌道会社の開業はいつごろですか」

「明治四十三年四月一日の予定です、先《ま》づ第一期線として大阪梅田から宝塚まで十五哩《マイル》三十七鎖《チエーン》及び箕面支線二哩四十四鎖、合計十八哩一鎖だけ開業するつもりです、そして全線複線で阪神電気鉄道と凡《す》べて同一式であります」

「それだけの大仕事が現在の払込金、即ち第一回払込金百三十七万五千円で出来ますか、それとも払込金を取るお考へですか」

「株主が喜んで払込金をする時まで払込を取らなくて屹度《きっと》開業して御覧に入れます」

まさしく、小林一三の面目躍如というべき企画である。

当時、広く社会に会社の事業を公表し、賑やかに宣伝するといった経営者は、ほとんどいなかった。一三自身、このパンフレットこそ日本最初のパンフレットだと、自負していたという。

パンフレットの第二弾は、『如何なる土地を選ぶべきか、如何なる家屋に住むべきか（住宅地御案内）』と題されたもので、当初から一三が鉄道事業と不動産事業の結びつきを目指していることが解る。

多岐にわたる分野で活躍した小林一三は、多くのエピソードを残している。

たとえば、毎日新聞社の名物記者だった阿部真之助はこんな話をしている。

阿部は宝塚沿線の池田駅近くに長く住んでいた。池田は、一三が分譲した住宅地で、一三も自宅を構えていた。

当時、新聞記者は、優待パスを箕面有馬電気軌道から支給されていた。

まだ、そんなに乗客が多くない時代で、阿部たちは毎日、座って梅田まで通っていた。

一三は、毎日、車内では立っていた。

ある日、たまたま、電車が混んでいた時があった。阿部が座席に座っていると、一三がやってきて、「君、立ってくれんか」と言う。

とっさに何を言われているのか分からなかった阿部が、なんでですか、と問うと、一三は、

「君は只じゃないか」と返してきた。

御本人が立っているのだから仕方がない、阿部はやむなく座席を立った。(『小林一三翁の追想』)

∴

昭和十五年七月、一三は第二次近衛内閣の商工大臣となった。

一三の部下になった商工次官岸信介は、挨拶に赴いた。

一三は、初めから、喧嘩腰だった。

「岸君、世間では小林と岸とは似たような性格だから、必ず喧嘩をやると言っている。しかし僕は若い時から喧嘩の名人で、喧嘩をやって負けたことはない。また負けるような喧嘩はやらないんだ。第一、君と僕が喧嘩して勝ってみたところで、あんな小僧と大臣が喧嘩したといわれるだけで、ちっとも歩がない。負けることはないけれど、勝ってみたところで得がない喧嘩はやらないよ」(『岸信介の回想』)

一三にも、初の入閣という事態に対して、かなりの気負いがあったのかもしれない。岸が商工省きっての切れ者、実力者であるという認識も、その口吻《こうふん》に影響を与えたかもしれない。

岸の、一三に対する評価はかなり厳しい。

「小林さんはなかなか鋭いけれど、たとえば電気の問題でも、この電信柱は背が高すぎるから切ってしまえとか、電気の本質そのものを問題にするのではなくて、それに関連のある問題について、すぐ処置するという傾向があった」（同前）と、指摘している。

大戦下、商工大臣だった岸は、東條内閣を倒閣するために辞表の提出を拒んだ。戦前の内閣制度では、閣内不一致の場合、当の大臣が自主的に辞表を出さないかぎり、内閣は倒閣してしまう。

憲兵隊による執拗な脅迫に対して岸は屈することをせず、東條内閣を総辞職に追い込み、終戦への道筋を作った。この功績は、岸信介にとって安保改定と並ぶ、あるいはより巨きな功績といえるだろう。

岸は一三にとって敵視するのではなく、懐に入れて働かせるべき人物だった。その岸を、一三が認めなかったのは、残念至極である。

∴

昭和二十六年、民間放送が認可されて、ラジオ東京（現在のＴＢＳ）が発足した時、その運営に関わることになっていた毎日新聞社専務の鹿倉吉次は、一三に相談した。

一三の反応は、思いがけないものだった。

「アメリカでは、商業放送がたいへん発展したのは事実だ。だが、日本では、すでにＮＨＫがあるから、聴取者は、広告放送をきかない。だから成功するはずがないから、止めた方がいい。

ＮＨＫを分割するならともかく、他に作るのは賛成できない」

鹿倉は、すでに約束したことなので、と謝意を述べ、一三邸を去った。数年後、一三は、鹿倉の家を訪れ、頭を下げたという。

「今日は君に謝りに来た。ラジオに対する見通しを完全に間違えていた、今日はその取り消しにやってきたのだ」（『小林一三翁の追想』）

∴

小林一三は、昭和三十二年、一月二十五日午後十一時四十五分、急性心臓性喘息により逝去した。

八十四歳であった。

前年夏から心臓が弱り、一進一退を繰り返していた。

調子のよい時期もあって、何度か上京もした。

新聞の扱いは驚くほど小さかった。せいぜい五、六百字程度の記事である。鉄道経営や、住宅、百貨店、舞台興行などへの貢献の大きさには釣り合わない。

告別式は一月三十一日、宝塚音楽学校葬として行われた。

弔辞は石橋湛山総理の代理の平井太郎郵政大臣と天津乙女《あまつ》が読んだ。この日、病気療養中の石橋は岸信介外務大臣を総理大臣に指名し、小林の仇敵に宰相への道を開いた。

小林の墓は池田の大広寺にある。

応永年間に創設されたこの古刹は、代々池田城主の菩提寺であった。閑静な境内の奥、竹林に囲まれた一角に、小林と妻コウの墓が建っている。

地にほどよく苔がついていて、丹精が絶えていないことが窺える。独創と熱心と緻密により、文化と理念と希望を生み続けた人にふさわしい。

「この世の中に私ぐらゐ幸運な人はあるまいと信じてゐる」（「私から見た私」）と書いた男が、そこに眠っている。

パブロ・ピカソ

Pablo Picasso

1881-1973

パブロ・ピカソといえば、二十世紀を代表する画家だ。

とはいえ、ピカソも、初めからピカソだったわけではない。

修業時代は、つましい生活をおくりながら、研鑽し、精進を続けた末に画家としてのキャリアを築いたのである。

ピカソは、一八八一年十月二十五日、スペイン南部アンダルシア地方のマラガで生まれ、九五年、両親とともにバルセロナに移住した。

父は、工芸学校の美術教師だった。

バルセロナの目抜き通りであるランブラス通りは、当時、パリのシャンゼリゼ通りに次ぐと言われるほどの美しい表情を見せていた。

一方で、バルセロナはまた、反逆とアナキズムの街であった。

治安維持を口実に、公開処刑が相次ぐなか、スペインからの離脱を標榜するカタロニアは、爆弾テロを繰り返し、スペインの統治を寸断しようとしていたのである。

オペラハウス、王家の離宮、新聞社……すべてが、手投弾の目標になった。

∴

祖国の混乱を目にし、芸術に関わっている事態ではないと考えたピカソは、パリ行きを決断した。一九〇〇年、世紀末であった。

ピカソは、友達のカルロス・カサヘマスと二人で、黒いコーデュロイのスーツを作り、出発の日には駅で両親の見送りを受けた。

十九歳の誕生日の数日前にパリに着いた。

フランス語は、まったく話せなかった。棲家を転々とした後、モンパルナッスのカンパーニュ・プレミエール通り九番地に小さなアトリエを借りた。

パリで、初めての展覧会を開いたものの、大成功というわけにはいかなかった。しかし、その展覧会に訪れた一人の詩人がピカソの運命を変えた。

詩人の名前は、マックス・ジャコブ。

彼は、ピカソの情熱と輝きにすっかり魅了されてしまった。

その三年前にマックスは、ブルターニュからパリにやってきた。売れない詩人や画家の吹き溜まりに住み、それなりの影響力を及ぼすようになっていた。何人かの芸術家を世にだして、既に認められた者たちにも協力を惜しまなかった。

マックスはピカソの世話人となり、崇拝者となった。自分が所有している、アルブレヒト・デューラーの貴重な木版画をピカソに献上し、さらにオノレ・ドーミエのリトグラフも、すべて譲った。

「僕がもっているよりも、君がもっていた方がいいんだ。そうだろ？」

ピカソに対して無条件に深い愛情を注ぎ続けた。

一九〇二年、ピカソはバルセロナに戻った。二十歳の青年が画家として成功するには、パリという街はあまりに巨大すぎたのだ。

翌年の五月、ピカソは、バルセロナのリエラ・デ・サン・ファン通りのアトリエで、青の時代を象徴する傑作、『ラ・ヴィ』を描いた。

裸の男女と、眠っている赤ん坊を抱いて不満気な表情を浮かべた女性が向きあっている。裸の男女のモデルは親友のカサジェマスと恋人のジェルメール。カサジェマスはジェルメールを道連れに拳銃自殺をはかるも自分だけが死に、恋人は生き残った。

二人の男女と母子像の間には、抱き合う男女と元気なくうずくまる女性が描かれている。

この頃、ピカソは、両親の家を出て、アトリエ近くに家を借り、老人や貧民、病人など、希望を失った人々の姿を、時に丹念に、時に乱暴に描いた。

しかし、そうした作品はバルセロナで発表せずにパリへ送った。

バルセロナでは駄目だ……。

何も新しいものがない。

やはり、パリに行かなければ話にならない。

一度戻ってきた故郷と決別する覚悟で、ピカソはパリに定住することを決めた。

∴

モンマルトルのラヴィニヤン通り十三番の「洗濯船」というアパートが、ピカソの住いだった。

「洗濯船」といっても、セーヌ河に浮かぶ屋形船——かつての洗濯女たちの仕事場——に似ているだけで、建物はちゃんとしていた。

ルノアールやマクシム・モーフラといった画家も住んでいた。

アトリエは、蜘蛛の巣が張っていて、煙草の吸殻や使いかけの絵の具のチューブが床に散乱していた。

マノロという同郷人の泥棒は、良心の呵責というものはまったく持ち合わせていなかった。

マノロは、当たり前に友人の金で暮らし、マックス・ジャコブのズボンを盗んだり、ポール・ゴーギャンの絵を売りとばしたり、しまいには宝くじを売りだしたが、そのくじには、すべて同じ番号が打たれていた。

しかしマノロは、どういうわけかピカソの所有物には、一切、手をださなかった。

マノロは、ピカソという、はかり知れない人物に困惑し、にもかかわらず、どうしようもなく魅了されてしまったのである。

ピカソの奇怪な蠱惑は、破廉恥きわまる盗賊ですら、惹きつけてしまうものだったのだ。

だが、ピカソはマノロを一顧だにしなかった。


ピカソはアトリエで二匹の犬を飼っていた。

一匹は、バルセロナから連れてきた小さなフォックステリアで、もう一匹は雑種だった。

さらに、白いハツカネズミを引出しの中で飼っていたので、部屋には動物独特の悪臭が漂っていたが、彼が頓着することはなかった。

しかもアトリエは、冬は凍りつくように寒く、夏は暑かった。

ピカソは、ドアを開け、裸になって腰布を巻いてイーゼルに向かい、廊下を通る人たちに制作中の作品と自分自身の肉体を披露してみせた。

自分の筋力を買いかぶってボクシングを始めたが、練習を数ラウンドやってみて、才能がまったくないことを自覚せざるを得なかった。

ピカソの作品は、依然として青の時代にとどまっていたが、フェルナンド・オリヴィエとの邂逅によって、大きな変化を迎えることになった。二人は洗濯船で出会い、やがて同棲を始めた。

フェルナンドは、一八八一年六月六日、パリに生まれた。本名をフェルナンド・ベルヴァレといい、両親はユダヤ人だった。

鳥の羽や造花のついた帽子を作る仕事をしていた。

フェルナンドは、十七歳の時、店員のポール・エミール・ペルシュロンと深い関係をもち、男の子をもうけた。二人は、その子が五ヵ月になった時に結婚したが、ペルシュロンの性的虐待によって、彼女は子供をおいて夫の元から逃げだした。

フェルナンドが、自らの人生をやり直すうえで信条としたのは、けして子供を作らないことと、店員と結婚しないことだった。

フェルナンドは美しく、頭もよく、独創的だったが、はてしなく怠惰で、掃除などしたことはなかった。

ピカソは、フェルナンドと暮らすことに耐えがたい不安を感じる一方で、彼女がいつも自分の傍にいることを強く望んでいた。運命を信じ、素直に受けとめようと努力した。

料理は任せたが、部屋の掃除をしてくれとは言わなかった。

買い物に出かけることは御法度だった。

「度を越した嫉妬心から、ピカソは私に世捨て人のような生活をさせた」と、フェルナンドは言いつつ、「でも、ソファに坐ってお茶を飲んだり、本を読んだりしているだけで、たいした家事もせずにすんで本当に幸せだった」とも言っている。

若い彼女の怠惰と放恣な情欲が二人の関係の要だったのである。フェルナンドと暮らすうちに、ピカソはだんだんと成熟してきた。絵に、サーカスの曲芸師や道化師が登場した。モチーフは、相変わらずアウトサイダーからインスパイアされたものだったが、そこには豊かな優しさと愛情がほとばしっていたのである。

∴

ピカソが困窮から解放されたのは、レオとガートルードのスタイン兄妹のお蔭だった。アーネスト・ヘミングウェイやF・スコット・フィッツジェラルドといった、パリのアメリカ作家たちを『失われた世代』と命名したのは、スタイン兄妹だった。

フェルナンドによると、ガートルードは「背は低く肥ってがっしりしていた。個性的な美人で形のよい知的な目が高貴な顔立ちを際立たせていた」という女性だった。

長兄のマイケルが、多額の不労所得をうまく管理していたので、ガートルードは、反社会的なスタンスを保ちながらボヘミアンな生活様式を堪能することができたのである。

次兄のレオは顎髭を蓄え、金縁の眼鏡を掛けた禿頭の人物で、かつてフィレンツェに住んで、画家を志していたという人物だった。

「ピカソは少しずつフランス人らしくなってきた」と、皮肉交じりに、スタインは語った。

「わたしたちが初めて手に入れたピカソの絵は『花籠を持つ娘』で、いわゆるバラ色、または道化師の時代の作品だった。（中略）その後、彼の絵はしだいに硬さを増し、輪郭がはっきりしてくると同時に、強烈な色彩が使われるようになった」（『ピカソ　偽りの伝説（上）』アリアーナ・S・ハフィントン、高橋早苗訳）

∴

当時、ピカソのライヴァルと目されていたのは、アンリ・マティスだった。

マティスは、自分とピカソを比べて「北極と南極ほども違う」と語ったという。

ピカソが、年齢相応の葛藤や動揺、疑惑や不信を抱え込んでいたのに対して、マティスは芸術だけでなく、人生においても平静を追求していた。

「私が理想とするのは、安定感があり、純粋で落ち着いた芸術であり、不穏で物騒なテーマとは相いれない、悲しみや苦しみを癒してくれるものなのだ」


一九一七年、革命が起き、ロシアの皇帝は、退位をよぎなくされた。

この頃、セルゲイ・ディアギレフが率いるバレエ・リュス（ロシア・バレエ）が、パリを席捲した。バレエ・ダンサーや振付師に加え、作曲家イーゴリ・ストラヴィンスキーら、数々の新しい才能を輩出し、パリで活躍していた若手アーティストたちを取り込み、新しいスタイルの総合芸術として発展していった。

　ピカソもバレエ・リュスに魅了された一人だった。

　三月中旬、ロシアバレエ団はローマを発ってサンカルロ歌劇場での公演のためにナポリに向かい、ピカソもジャン・コクトーとともに同行した。

　二人は、ほとんどの時間を一緒に過ごし、水族館やヴェスヴィオ火山や、ポンペイの遺跡を見て歩き、夜になると女性を誘惑しようと狭い路地まで入り込んでいった。

　公演は全て順調というわけではなかった。

「ラ・グリマス」という雑誌が、ピカソも美術を担当したバレエ『パラード』の作曲家、エリック・サティを批判したのである。

「調子はずれの道化師サティは、タイプライターや騒音を用いて作曲し、共犯者ピカソは人間の永遠の愚かしさを明らかにした……」

　批評に激怒したサティは、すぐに葉書を送った。

「拝啓、あなたは正真正銘のまぬけ、しかも音楽が分からないまぬけだ！」

　批評家は、サティを名誉棄損で訴えた。しかも刑事事件として告訴されたため、サティは一週間の実刑を受けることになった。

　サティが刑務所に送られた頃、ピカソはディアギレフの一座とともにバルセロナへ向かった。

　バルセロナでピカソは、英雄として歓迎された。

　父親が亡くなって以来の帰郷だったため、朋輩たちは、お祭り騒ぎで彼を迎えた。

一九一八年七月、ピカソは結婚した。相手はバレエ・リュスのダンサー、オルガ・コクロヴァだった。

∴

ピカソがパリに戻ってくると、そこは『失われた世代』の中心地となっていた。

ヘミングウェイ、ジェイムス・ジョイス、スコットとゼルダのフィッツジェラルド夫妻もいた。

パリは、ダダイズムにはうってつけの土地だった。

トリスタン・ツァラがチューリッヒで始めたこの運動は、三人のフランス人――ルイ・アラゴン、アンドレ・ブルトン、フィリップ・スーポーにより継承された。


一九二一年二月四日。

ピカソの妻、オルガは男の子を産んだ。

その子は、ポールと名付けられ、ミシア・セールが代母になった。

一度に一つのことしか考えられないオルガは、混乱しながらも息子の面倒をよく看た。

∴

四十代を迎えたピカソは、新しい理念や論争にうんざりし、より豊かで静謐な生活を希求するようになった。

彼は、幼い息子が周囲を眺めながら、あらゆる事物に感嘆している様子を観察していた。

「私があの子なのだ」

カンバスに描いた子供たちの姿を眺めて言った。

ピカソの名声は鰻上りだった。

クリスチャン・ゼルヴォスという若いギリシャ人亡命者はピカソを熱愛しており、浩瀚なカタログ・レゾネを作りあげようとしていた。

「彼はいつも、不安と好奇心の入りまじった気持でそれを手のなかでころがしている。彼はどんな絵でも思いのままに描くうえ、絵とは物体をいろいろな形に描くことではなく、あらゆる解釈と無限の可能性を秘めたものだということを知っている」(同前)

∴

ヒトラーが政権をとった一九三三年は、以前からピカソの作品に使われていたミノタウロスが、すさまじい勢いで描かれた年でもあった。

当時の愛人だった、マリー・テレーズは、こう語っている。

「彼はまず女を犯すのです。ルノワールが言ったように。それからモデルとして描くのです。私だろうと、誰だろうと、いつも同じことでした」

そして九月五日、マリー・テレーズは女児を出産した。

ピカソの名声はいよいよ上がり、作品はとてつもない値段がついた。

ピカソは、好き勝手に、散財できる身分になっていた。

∴

一九四四年六月、連合軍が、ノルマンディに上陸した。

八月、連合軍はパリに入城し、抑圧者に抗したパリ市民も蜂起し加わった。

ピカソは慎重に、自らの進退を図った。

グラン・ゾーギュスタン通りの豪奢なヴィラから離れて、アンリ四世通りの家に移り、マリー・テレーズと娘・マヤと共にいた。

ピカソは、マヤのポートレートを描くことで、不安を紛らわせていた。

ところが、彼は、抑圧に対するシンボル、生きのびたヨーロッパの象徴と見られていたのである。

ピカソは、鳩を頭や肩にとまらせて写真に収まり、ヤンキーをアトリエに招き入れた。

そうした訪問客の一人に、アーネスト・ヘミングウェイがいた。

折り悪く、ピカソは外出していた。

門番が、あなたも、ムッシュ・ピカソに贈り物をしたいのか、と問うた。

ヘミングウェイは、車にとって返すと、手榴弾を一箱もってきて、こう書いた。

「ピカソへ、ヘミングウェイより」

∴

パリ解放から一ヵ月過ぎて、とてつもないニュースが公表された。

ピカソが、共産党に入党した、というのである。

共産党のイデオローグたちは、苦心惨憺して、ピカソの奔放極まりない作品に対する賛美と、社会主義リアリズムを両立させなければならなくなった。

一方、ピカソは、共産党に入党したことで、受難者の役割を、いい気持ちで演じた上に、拍手喝采まで浴びた。

ピカソが美学的な問題について話し合うのを楽しみにしていたのは、アルベルト・ジャコメッティだった。

一つにはジャコメッティが造形作家であって、純粋に美学の問題だけを話題にしなかったからだ。そのうえ、彼には媚びやへつらいが、一切なかった。

二人はしばしば行き来し、近くのカフェでポルノ雑誌に見入ったりした。

ピカソは、素直な時には、ジャコメッティが、彫刻界の『新しい息吹』を、代表していることを認めた。

けれど、確たる理由もなく、捻《ひね》くれた態度を取ることもあった。

ジャコメッティのアトリエを訪れた時、ピカソは、ジャコメッティの作品を褒めさえすれば、収集家が彼の作品を間違いなく買い、彼の暮らしに余裕ができることを知りながら、そうはしなかった。

∴

一九五四年十一月三日。

ピカソはアンリ・マティスが亡くなったという知らせを受けた。

ピカソは、電話に出ようとせず、葬儀にも参列しなかった。マティスについての思い出を、ピカソは切り捨てたのである。

その後も、ピカソは長く生きた。

一九七二年、最後の自画像が描かれた。

一九七三年四月八日の昼頃、晩年の妻ジャクリーヌは、パリにいるピカソのかかりつけの心臓医に、電話をかけた。

ピカソは、ベージュのパジャマを着て、枕を積み上げ、苦しそうによりかかっていた。彼の周りにはクレヨンが散乱していた。死を前にしてなお絵を描こうとしていたのだ。

∴

四月八日の午後、ピカソは急性肺気水腫で亡くなった。九十二歳だった。訃報が、世界中に伝えられた。ノートル・ダム・ド・ヴィと呼ばれた屋敷の中で、ピカソの遺体は、刺繡を施された黒いケープに包まれていた。

二日後、霊柩車が、助手席に黒いケープをつけた未亡人を乗せて出発した。彼女はかつて暮らした古城ヴォーヴナルグに夫を埋葬することにした。

墓掘人とヴォーヴナルグの市議会の代表が石段の前で待っていた。

石ころ交じりの地面には、ツルハシは、歯が立たなかった。季節はずれの雪が降る中、突然、空気ドリルの轟音が響いた。

五島慶太

Goto Keita

1882-1959

財界人、政治家で仇名をつけられるようになれば、本物で通るらしい。

高橋是清の「ダルマ」などは、その温容も含めて至極めでたいものだけれど、なかには強烈というより不吉な響きを含んでいるものもある。

「強盗慶太」という禍々《まがまが》しい仇名を背負っているのが、五島慶太だ。

五島は、明治十五年四月十八日、信州上田から十キロほど離れた長野県小県《ちいさがた》郡青木村の、小林菊右衛門の次男として生まれた。

兄はおとなしかったが、自分は乱暴者だった、と慶太は言っている。

青木村の小学校を経て、上田中学に通った。毎日、三里の道のりを歩き、一日も休まず通学したという。

中学を出た後、上級学校へ入りたいという希望は止むことがなく、小学校の代用教員をしながら、学費を貯めた。

東京の高等師範学校に生徒の募集があり、合格し、入学を果たした。

師範学校の校長は、嘉納治五郎。講話は、いつも「なあに、このくらいのこと」と腹をきめる「なあに」精神一本槍だった。

卒業して、四日市の市立商業学校に、英語の教員として赴任した。

学校は校長を筆頭に教員から事務員まで覇気がなく、ともに仕事をする気になれない。

次の年の四月、慶太は商業学校を辞め、東大法学部本科に入学した。

入学はしたものの、たちまち学費の支払いができなくなり、仕方なく嘉納の門を叩いた。

「なあに」精神の先生ならなんとかしてくれるだろう、と思ったのである。

嘉納は、民法学者の富井政章男爵の子息の家庭教師の仕事を斡旋してくれた。

子息がめでたく第二高等学校に合格したので、慶太は男爵から加藤高明を紹介してもらい、高明の息子、厚太郎の住み込みの家庭教師になった。

加藤家は待遇がよく、慶太は小遣いをもらい、浅草十二階下で、女郎を買った。

∴

二十九歳で、東大法科を卒業。四年遅れたわけだが、同期は錚々たる顔ぶれ――重光葵《まもる》、芦田均、石坂泰三、正力松太郎、河上弘一――だった。

文官試験に合格し、加藤の周旋で農商務省に入ったが、山本権兵衛内閣が緊縮政策を推進したため仕事らしい仕事がなく、鉄道大臣の床次《とこなみ》竹二郎の周旋で、鉄道院に入った。

鉄道院に入る直前、古市公威――内務省土木局長、枢密顧問官――の媒酌で、久米民之助の長女五島万千代と結婚した。五島は久米の母方の姓で、万千代との結婚は、五島家を再興するという含みがあった。

原敬内閣が成立すると、五島は高等官七等という身分になった。

七等は役所では、課長心得という身分であるが、この「心得」が、五島には気に入らなかった。

稟議書に「課長心得」と書いてあると、五島は、そのたび「課長心得」の「心得」の二字を消して上に回したという。何度も「心得」を消していると、さすがに上司が気づいて「心得」を抹消してくれた。

人生というのは面白いもので、「心得」騒動を伝えきいた人が、五島を武蔵電気鉄道の経営者に推薦した。ところが、鉄道経営についての先達である小林一三は、五島にこうアドバイスをした。

「荏原電鉄をさきに建設して、渋沢栄一さんの田園都市計画を実施して、四十五万坪の土地を売ってしまいなさい。土地がうまく売れたら、その金で武蔵電鉄をやればいいではないか」――

阪急電鉄を経営し、沿線を住宅地として分譲し、ターミナルに百貨店を設置した稀代の事業家のアドバイスに、五島は、素直に従った。

しかし、現実は厳しかった。

昭和初年の大不況では、しばしば自殺の誘惑にかられたという。

「十万円の借金をするのに保険会社に軒並み頭を下げて回り、みな断わられて小雨の降る日比谷公園を渋沢秀雄君とションボリ歩いたこともあった。松の枝がみな首つり用に見えて仕方がなかった。しかし今にして思えば、すべて信念と忍耐力の問題であった」(『私の履歴書　経済人1』)

この苦境から、五島は「予算即決算主義」に開眼したという。

∴

昭和九年十月、東京市長選挙に際して、選挙資金を五島が経営する目蒲電鉄が出したという投書があり、五島は市ヶ谷刑務所に収監され、半年間をそこで過ごした。

「この六ヵ月間の獄中生活の苦悩は、おそらく経験者でなければその心境を推察することは不可能であろう。私はこのときが人間として最低生活であった。／だが、こういうときこそ人間の日ごろの訓練とか修養とかがハッキリ出てくるものである。胆力もあり、肚もすわった人間でなかったら、あるいは悶死するようになるかもしれない。その点では私は宗教的信念をもっていた。抜くべからざる自信である。それが物をいってくると、私はむしろ健康もよくなり、ふとったくらいである」(同前)

昭和十四年の目蒲電鉄、東横電鉄の合併を手初めに、五島慶太はつぎつぎと鉄道会社の合併を進めていった。

十四年十月、一般株主への報告として、合併が極めて合理的なものであるという趣旨の報告書を提出している。

「支那事変が第三段階の南支にまで進展するに及びまして、金融、経済その他国内百般の制度に対する統制は一段と強化せられて参りました。（中略）しかしながら、両社はよくこの時艱《じかん》に耐えて、目黒蒲田電鉄は一割の配当を継続し、東京横浜電鉄は一分増の九分配当をなし得るの好成績を収めることが出来ましたのは、まことに御同慶に堪えざるところであります」（『五島慶太』羽間乙彦）

厳しい統制が敷かれていたこの時代に、一割の配当ができたのは、やはり五島の経営手腕の冴えによるものと言わざるを得まい。

五島は、その後も鉄道経営を拡大していった。

昭和十六年九月に小田急の社長になり、同年十一月には京浜鉄道の社長、十九年五月に京王電軌の社長になっている。

京王電軌は、最後まで合併に反対した。

社長である井上篤太郎が、頑強に抵抗したのである。

代々木八幡の井上の屋敷に、当時常務だった大川博は日参し、ついに合併を承諾させた。

五島は運輸通信大臣だったが、わざわざ井上を訪れて、礼を述べたという。

内務官僚の唐沢俊樹は当時をこう回想している。

イギリスでは、とっくの昔にロンドンの私鉄を三社に統合してしまった。東京もそうしようというので、交通事業調整法という法律を設けて、東京郊外の私鉄を三社に整理する方針をたてた。五島は自分の領分を整理したけれど、残った二方面を担当した社は、一向にやらないのだ……。

東急の存在感は抜きんでており、同業他社に嫉視されるのも無理はない状況であった。そして、その隆盛を誇り、はばかることがなかった。

「『大東急』は、バス、百貨店、田園都市業などの諸事業を兼営する膨大な電鉄会社であったが、それればかりでなく、この間においては静岡鉄道、江ノ島電鉄、神中鉄道、相模鉄道、箱根登山鉄道、バス、トラック、タクシー等数多くの会社を設立、あるいは買収し、傍系会社又は子会社などその数は八十数社に及んで、さながら一大『電鉄王国』東急コンツェルンを形成しておったのである」（『七十年の人生』五島慶太）

∴

昭和十八年十一月六日、五島の次男である進は、輸送指揮官として任務遂行中、機銃掃射を受けて戦死した。

「私も寝ておるとき、周りの者の顔付で予感はしておったものの、矢張り真実を伝えられた時にはがっかりした。進は体格から性質から、何から何まで非常に私に似ておって、私としても進に生き甲斐を感じておったくらいだったから、つい思わず涙を流してしまった。その時は全く人生というものに対して虚無的になっていたようである。仏教美術館でも建てて、自分の持っている古写経、仏像、絵画などを収めて、そこの番人でもして余生を送ろうかとさえ思った」（同前）

昭和十九年二月、五島は、東條内閣の運輸通信大臣になった。

後年、東條首相について、五島はこう語っている。

「東條という人は、とにかく単純でね。稚気、愛すべきもんです。やることは一生懸命で、裏がない。『木造船で橋をかけろ』というくらいで……。それから、鉄のない時分だもんですから、『木か竹でレールをつくれ』とかね」（『五島慶太』）

宮中に伺候したところ、石渡荘太郎と、内田信也が来ていた。

三人揃って、親任式が行われた。

東條内閣で書記官長を務めた星野直樹は、「閣僚」としての五島を高く買っている。

「閣議においては、余計なことは一つもいわず、必要な発言だけに止まった。また、政治的な動きは一切しなかった。戦局、ますます不利となったときも、東條首相の努力に無言の支持を与え、十九年夏、ついに首相が辞職を決定したときは、静かにこれに賛成、自分もそのまま官職を去って、再び本来の鉄道業に帰っていかれた」（同前）

昭和二十二年八月、五島は、運輸通信大臣就任その他の理由で、公職追放処分を受けた。追放解除に至るまで、五島は思う存分、茶を愉しんだ。

∴

つゆ晴れて見上げる窓の広さかな

二十六年八月六日、追放処分を解除された五島はこの一句を詠んだ。

六十九歳であった。

早速、時事新報のインタビューに応じている。

「敗戦の結果として日本は四つの島に八千万の人口を抱えてやっていかねばならぬことになった。これではとてもやってゆけないなどという者が多いが、私はそうは思わないネ。／自由貿易が理想的に実行されるなら、領土などは問題ではない。その土地が誰のものか――なんていうことは問題じゃないではないか。考えてみたまえ。十九世紀から二十世紀初頭までは英国はあの小さな本国だけの領土で、商業によって世界を圧倒することが出来たではないか。国民の素質がよくてその国民が勤勉に努力しさえすれば領土など狭くても決して心配はない」(同前)

公職追放が解除された後、五島が最初に取り組んだのは映画だった。

戦時中、娯楽に飢えていた国民大衆にとって映画は福音といってもいいほどの魅力があったのだ。

戦前から、五島は渋谷、宮益坂のニュース映画館を手始めに、五反田の工場跡地に劇場を建てるなど、都内に六つほど映画館をもっていたが、いずれも小規模なもので、すべて空襲で焼かれてしまった。

戦後すぐ、昭和二十一年一月、五島は東横百貨店の三階、四階に、映画館と小劇場を六つオープンさせた。客はひっきりなしに訪れ、連日満員という盛況だった。

「他人が作った物を上映しているだけではつまらない」

二十四年、五島は映画配給会社の東京映画配給（現東映）を設立した。

いかにも五島らしい、発想だ。

映画制作に乗り出すにあたって、五島は得意の手を使った。日活と松竹がもっていた大映の株を取得したのである。

「ラッパ」と呼ばれていた、業界の名物男、大映社長の永田雅一も、五島の軍門に降るしかなかった。

太秦の大映第二撮影所が東急グループの東横映画に貸し出された。東横映画は毎月一本の映画を制作し、大映の配給ルートにのせた。大映は、一六ミリフィルムの地方興行権を東横映画に付与した。

五島は、短期間に撮影所、配給ルート、興行権を握ったのである。

しかし興行は、五島の合理主義が通用する世界ではなかった。

片岡千恵蔵の出演作は、かなりヒットしたにもかかわらず、配給価格を抑えられて大きな赤字を出す始末だった。

東映は、半年もしないうちに行きづまった。

負債総額は十一億にのぼった。入場税は滞納され、給与は遅配、さらには街の金融機関から八千万円借り入れていた。

不渡り寸前の手形が百二十三枚。一枚が不渡りになれば、即座に倒産という状況だ。

業界では東映を「パラマウント映画」をもじって「ハラワント映画」と呼んだ。

五島は、東急電鉄の専務の大川博を呼んだ。

大川は中央大学法学部から鉄道院（鉄道省の前身）に入り、五島の知遇を得て、東急に入社し、五島の腹心になった人物である。

「この苦境を凌ぐには、君の手腕をもってしかない。東映の社長をやってくれ」

大川は固辞したが、五島は許さなかった。

五島は撮影所のスタッフを前に演説した。

「このぐらいの赤字は、船一艘を沈めたと思えばたいしたことではない。みんなは一所懸命になって働いてくれ。この撮影所が天下一になるまでは、五島慶太、再びこの門をくぐらないであろう」（『東急外史』）

撮影所の海千山千の古強者が、どよめいた。

マキノ光雄――「映画の父」として知られるマキノ省三の次男――が立った。

「いまは親会社からの借金で生きているが、やがてガッポリ稼いで、最後の借金を返す時には、私が使者に立つ。いまに二頭立ての馬車で金を東急本社に届けてやる」（同前）

五島は住友銀行に融資を申し込んだ。

初めて息子の昇を交渉の場に帯同した。

住友銀行頭取、鈴木剛は、昇の顔を見ながら言った。

「東映がうまくいかなければ、この借金は孫子の代まで残りますよ……」

住友銀行は、東映に対する個人保証を要求したのである。

五島昇は、こう述懐している。

「東映再建が失敗すれば当然、五島家は破産する。私は借金の大きさに身震いしたが、父はその話を淡々と聞くだけだった。全く動じない父の背中に、『事業家のオニ』を見た思いだった」（『私の履歴書　経済人26』）

東映は、時代劇で息を吹き返した。占領中、時代劇は「封建思想を肯定している」として、制作は事実上禁じられていたが、昭和二十六年、講和条約が締結されて、再び制作されるようになった。

東映にとって幸だったのは、大映の永田社長が「活劇よりも芸術映画を撮る」という方針を打ち出したことである。

大映では、溝口健二監督が、『西鶴一代女』、『雨月物語』などでヴェネツィア映画祭などでの国際的な賞を次々と受賞した。

永田は興奮したが、長い間、大映を支えてきたスターたち——片岡千恵蔵、市川右太衛門、大友柳太朗——は、待遇を不満として、東映に移籍してしまった。

昭和二十七年には市川右太衛門の『江戸恋双六』がヒットし、以降、月一本のペースで時代劇が制作されるようになった。

京都撮影所制作課長の岡田茂は、こう述懐している。

「苦しい状況の時に一致団結するのが活動屋魂。とにかく皆、よく働いた。早撮りの名人と言われた監督の渡辺邦男にも来てもらってね。彼は十日間で千恵蔵の映画を一本撮ってくれる。これは、助かったな」(『映画百年』)

渡辺は「天皇」と仇名されていた。

昭和二十八年一月に、『ひめゆりの塔』が封切られた。

今井正監督、津島恵子、香川京子ら若手女優を起用して、日本映画始まって以来の高い配給収入が得られた。

『ひめゆり』のお蔭で、東映は借入金を返済し、全国に百七十の専属館、千七百の上映館を持つ、業界トップに躍り出たのだった。

「大川によって東映は救われた。同様の意味で、彼は東急の大恩人である」と、五島としては、最大の賛辞をもって、大川に報いた。

ココ・シャネル

Coco Chanel

1883-1971

「六歳で早くもわたしはひとりぼっちだった。母は死んだばかり。父は、まるで厄介な荷物みたいにわたしを叔母たちのところへあずけると、さっさとアメリカに渡り、それっきり帰ってこなかった。／孤児……それ以来、この言葉を耳にすると、いつも恐怖で胸がしめつけられる思いがする。今でも、女の子たちのいる孤児院を通りかかって、『あの娘たち、孤児なのよ』という言葉を聞いたりすると、思わず涙がこみあげてくる。あれから半世紀たった。だけど、この世の中でいちばんの贅沢と楽しみにあふれたこのホテルにいても、わたしはひとり、なおもひとりぼっち。／これほどひとりぼっちだったこともない」（『シャネル――人生を語る』ポール・モラン、山田登世子訳）

ココ・シャネルという女性の面白さは、社交界を牛耳り続けるイコンであるにもかかわらず、その虚栄の限界を厳しく意識していたことだろう。

お針子から、グランメゾンのオーナーに成り上がった後でも、シャネルは、自らの実力、器量を慎重に測っていた。

浮かれ女の巷を闊歩しながら、胸に抱えた見えない算盤を正確に弾き続けた、渋く、つれない、すれっからし。

彼女は、お針子時代の生活を忘れなかったし、それが故に追従や世辞に害されることもなかった。ルーレットの赤と黒の交錯を、退屈しながら、眺め続けてきた玄人である。

∴

ガブリエル・ボンヌール・シャネルは、一八八三年八月十九日、パリから南西、三百キロのロワール川流域の小さな街、ソーミュールに生まれた。

母のジャンヌは、出産の直前まで働き通しで、すっかり弱っていたという。

名づけ親が立ち会うこともなく、赤ん坊はガブリエルと、命名された。以降、母親が亡くなるまでの六年間、シャネルはこの町で暮らした。

「わたしは意地が悪くて、怒りっぽくて、盗みもしたし、嘘つきで、戸口で立ち聞きもした。盗んだものを食べるのは、何よりおいしかった」(同前)

∴

一九〇五年の夏、ムーランでお針子として働いていたシャネルは一稼ぎをする積もりで、ヴィシーを訪れた。そこは肝臓病に効くとされる鉱泉が湧く保養地として、広く知られていた。ヴィシーの名前は、ナチスドイツの傀儡《かいらい》として樹立された臨時政権を示すことになるが、それはまた、後の話である。

その頃、シャネルは成功の糸口を見つけだした。

エティエンヌ・バルサンと深い関係になったのである。

バルサンは、貴族ではないが、富裕な一家の一員で、フランス中部の工業都市シャトールーに屋敷を構え、堅実な商売をしていた。

そうした出自の若者が、一体、どうしてココ・シャネルに関わることになったのか。

バルサンは徴兵されて、地元のシャトールーの歩兵連隊に編入させられた。競走馬の飼育にしか興味がなかった彼にとって、歩兵部隊の新兵訓練は地獄だった。

彼は、猟騎兵部隊が駐屯するムーランに、東洋語学校があることを知ると、将来の植民地化に備えて、インド語を学ぶという口実で、配置替えを申し入れ、成功したのである。

そのうち、キャバレーで歌い、騎兵隊のアイドルとして君臨していたシャネルと知り合い、ヴィシー行きも援助した。

シャネルは、ファッション誌『イリュストラシオン』のモード欄を参考に服作りについて考えた。

この欄を担当していたモード評論家の走りともいうべきスパール男爵夫人は、圧倒的な支持を受けていた。

男爵夫人は、上流社会の婦人たちがドゥミ・モンド（いわゆる高級娼婦）だと誤解されないように、派手なラメ入りのサテンなどは避けるように忠告し、スーツについては、着心地の良いセルを勧めていた。

シャネルは、スパール男爵夫人の意見を尊重していたが、帽子については、まだまだ、研究する余地がある、と考えた。

当時、パリではオペラ座にほど近い、ラ・ペー通りのカロリーヌ・ルペというアトリエが幅をきかせており、かなり繁盛していた。けれども、シャネルは、気にいらなかった。

どうしたって機能的ではない羽毛、仰々しいスパンコール。

積極的に、自らの運命を切り開いていかなければならない、現代の女性には、まったく向いていないではないか。

シャネルは、思い切った改革を行った。

とりあえず、羽飾りや紗幕などを、すべて取り払った。

出来あがったのは、旗手の帽子のような小さいものであった。

大袈裟な飾りは一切なく、視界は確保されているし、被っているのか、いないのか、分からないような軽さだった。

この「帽子」で、シャネルは、初めて成功を収めた。

しかしそれはシャネルにとって第一歩に過ぎなかった。

エレガントでなお活動的な女性のための帽子。このコンセプトは、帽子ばかりでなく、ほぼすべてのファッションアイテムに、適用された。

実用的で意欲的なシャネルの服は典型的なオートクチュールドレスのスタイルや習慣を破るものとなった。


一九一三年、ココ・シャネルは、ドーヴィルに店を出した。

パリから北に約二百十キロの英仏海峡に面した街、ドーヴィルは、当時、避暑地として人気を集めていた。

町の中心をなしているホテルの豪奢な部屋は、金満家が泊まり、カジノは、毎晩、盛況であった。

パリの店では、帽子が主要な商品だったが、ドーヴィルの店では、シャネル自身がデザインした、ウエストを絞らないスカートや開襟シャツを並べていた。

カットがゆったりしたものだったので、コルセットは不要だった。

数世紀を通じて女性たちの身体をしめつけてきたコルセットを、シャネルは取り払ったのだ。

当時、オートクチュールの顧客の頂上に君臨していたのは、ロスチャイルド夫人であった。

夫人はきわめて傲慢で、シャネルのライバルである、ポール・ポワレのモデルを侮辱したために、ポワレはロスチャイルド夫人を、自らのレセプションから閉め出した。

シャネルにとっては、勿怪《もっけ》の幸いであった。

ライバルが、自分から上客を譲ってくれ、その上客が顧客を大勢紹介してくれたのだから。

ドーヴィルの店は大繁盛となった。

∴

一九二六年十月一日のモード誌『ヴォーグ』アメリカ版がシャネルの『プティット・ロブ・ノワール（小さな黒い服）』を紹介した。

タイトなシルエットと短いスカートが特徴の非常にシンプルな黒いドレスは「シャネルのフォード」と絶賛された。アメリカ車「フォード」の簡素で魅力的でかつ量産可能な革命性と重ねたのだ。

さらにシャネルは、イミテーションの真珠や鍍金を駆使してアクセサリーをデザインした。

イミテーションであることを誇示するという戦略は、既成概念を崩してきた、シャネルにしかできないことだった、といえる。

次はショルダーバッグである。

女性は、ハンドバッグを抱えていると、片手を完全に奪われてしまう。

パーティであれば、カナッペを取るのも、一苦労だ。長いベルトを肩にかけるショルダーバッグは、パーティにおける女性の動きの自由度を高めてくれた。

∴

一九二八年、シャネルは、カンボン通り三十一番地に店を移した。

この店は、四棟を占拠し、そのうちの一棟の三階にシャネルの私室があって、中国の置物や屏風、ダリの絵、幸福をもたらすという麦の穂などが飾られていた。

この年、シャネルスーツが、披露された。

最初のスーツは、ツイード地で作ったカーディガンスタイルの服だった。

そしてシャネルの存在を、決定的なものにしたのは、香水であった。

「シャネルの五番」である。

この香水の人気の秘密は、香りが良かっただけではない。

容器もネーミングも、既存の香水とは一線を画していたのである。

「シャネルの五番」が登場するまで、香水は容器も品名も装飾過剰な、十九世紀のロマンを引きずるものだった。

シャネルが選んだ容器は薬壜のようにシンプルなものだった。

彼女は幼少の頃から「5」という数字に神秘を感じていたため、それを香水の名前に用いた。

「シャネルの五番」は一九二一年に発売されてから今日まで、世界中の香水の中で最も売れた香水として知られている。

∴

名声が上がる一方、第二次世界大戦中のシャネルの行動は、大きな問題になった。

シャネルは、ドイツがパリを占拠している間、ドイツの親衛隊の将校と交際していたのである。

占領下における、敵軍将校との交際は、当然のことながら、国民から激しい反発を招くことになった。

シャネルにしてみれば、ハンサムでエレガントな男性を、捕獲したのにすぎないのだけれど。

彼の名は、ハンス・フォン・ディンクラージ。ディンクラージは、一八九六年、ハノーバーの古い貴族の跡取りとして生まれた。

シャネルより十三歳も年下である。

母親がイギリス人だったので、英語にも仏語にも通じていたという。

一九三三年から一年間、ゲッベルスの指示により、パリのドイツ大使館で報道担当として働いていた。

その後、開戦と同時にパリを退去したが、ドイツ軍の勝利によって、再びパリにやってきたのである。

ディンクラージは、独仏の社交界では、スパッツ（すずめ）と呼ばれていた。

よく通る声と、敏捷な動きをもっていたからだろうか。

小説家のミッシェル・デオンは、ディンクラージについてかく語っている。

「長身の、何ともいえない美男子だった。多分、スパイだったと思う。けれどスパイよりは、ジゴロとしての才能があったと思う」

∴

「私は小さい頃から、おしゃれには関心があった。少女時代は、よく五人の兄姉妹にからかわれたものだ。みんなは映画界に憧れていたので、モードを見下していたからだ。だけどそれにしても……布地の感触、色彩の戯れ、思いがけない混り合い、といったものが、私は大好きだった。クチュールやデフィレ《ファッション・ショー》に関する雑誌記事もスクラップしていたし、それと……シャネルについても。彼女のスタイルには心を奪われていたが、パリ解放を迎えてからは、〝マドモアゼル〟はスイスへ逃れ、一九三九年からは一切の活動を止めてしまっていて、当時はもう過去の人になっていた。それというのも、彼女はドイツ士官との恋愛事件を引き起こし……」

（『カンボン通りのシャネル』リルー・マルカン、村上香住子訳）

アシスタントだったリルーは、今一度、全盛期をよみがえらせるという、シャネルのとてつもない挑戦を目撃することになった。

かつてシャネルの代名詞だったカンボン通りに再び店を構えようというのだから。

店の再開が、成功すると思っている関係者はほとんどいなかった。

何しろシャネルは七十一歳だった。

リルーは、感動した。

こんな歳になって、まだ戦い続けるなんて。

シャネルのコレクションは、「一九三〇年のドレスの亡霊」と酷評された。

しかし、シャネルと深い関わりのある女性――エリザベス・テーラーや、ローレン・バコール、グレース・ケリー――たちは、シャネルを見捨てはしなかった。

パリで酷評されたドレスはアメリカで爆発的な人気を得、結局パリでも受け入れられ、シャネルは勝利したのである。

リルーは再びシャネルの元で働きたいと思っていたが、なかなかそのきっかけをつかめなかった。

そんな時、シャネルと親しいミル兄弟が、今夜、シャネルと晩餐をすることになっているので、来たらどうか、と誘ってくれた。

その夜、シャネルは御機嫌ななめだった。

「この娘、どうしてここにいるの？　彼女ったら、ブティックで私につきまとったのよ」

ミル兄弟が、とりなした。

彼女は、ファッション界の大立者、クリスチャン・マルカンの妹、リルーなのだ、と。

ディナーが終わった。

別れ際にシャネルが、ジェラール・ミルに訊いた。

「今日は何曜日だったかしら？」

「木曜日ですよ、ココ」

するとシャネルは、言った。

「月曜から、仕事を始めなさい」

こうしてリルーは、再びカンボン通りの店で働くことになった。

∴

仕事中でも、食卓でも、ベッドでも、歩行中でも、車の中でも、シャネルは喋り続けた。まるで雨か霰《あられ》のように、のべつ幕なしに喋り続けるのだ。

どうしてこんなに言葉が溢れてくるのか、周囲の者たちは困惑した。

リッツ・ホテルのエレベーターボーイが、真鍮の蛇腹を必死で押えている。

シャネルは細長いショルダー・バッグから、綺麗に折った新しい紙幣を一枚ひきだす。

「マドモアゼル、昨日もチップを戴きました」

シャネルは低い声音で言う。

「だったら、あなたは運がよかったのよ」

シャネルは、ハンドバッグを自分の墓地と呼んでいた。

「こんな死人なんか、みんな追い払ってしまいたいのに」

彼女は、新しい札のつまった財布をバッグに戻し、ツイードのジャケットを羽織ると黒いキャデラックの後部座席に乗り込み、スイスへと向かった。

「私、飛行機に乗っても、安全ベルトはしめないのよ。飛行機が燃えた時に、逃げられないと困るじゃないの」

シャネルは、少しずつ常軌を失っているようにみえた。


シャネルの毒舌は、フランスを代表する建築家、ル・コルビジェをも餌食にしていた。

「ル・コルビジェなんて、ぞっとするわ。あの杭の上にたっている家……。家というのはワインやハムをしまっておく蔵のようなものなのよ」

ケネディ大統領夫妻は、シャネルの嘲笑の的になっていた。

子供たちとしゃがみこんでいるジャクリーン・ケネディを見て、人々がその飾らぬ様子に打たれている傍で彼女はこんなことを言った。

「アメリカはあの二人の私有物になってしまったようね」

∴

一九七一年一月九日土曜日。

シャネルは春のコレクションのカタログを用意していた。

午後一時に外套を羽織り、ベージュの手袋をはめた。

キャデラックの黒いボディは、陰気な群衆の表情を濃《こま》やかに映しだしていた。

そうしてシャネルは、リッツの玄関を出た。

車で競馬場を一周し、ホテルに戻った。

横になっていて突然、発作を起こしたシャネルは、自分でアンプルを割ることができなかった。

そばにいたメイドに言った。

「人はこんなふうに死んでいくのよ」

シャネルは大嫌いだった日曜日に死んだ。

正力松太郎

Shoriki Matsutaro

1885-1969

正力松太郎——。

彼は、一体、いくつの人生を生きたのだろうか……。

治安維持に奔走し、社会主義者を容赦なく弾圧した内務官僚。

倒産寸前の新聞社を、日本一にした経営者。

日本にベースボールを定着させた興行師。

戦犯に指定されながら、見事、カムバックした、したたかな世渡り上手。

街頭にテレビを設置したアイデアマン。

原子力の父。

正力は、昭和という時代を代表する人物であり、その「代表」ぶりは、毀誉褒貶に塗《まみ》れているが、それこそが、正力の面目なのだろう。

∴

正力松太郎は、明治十八（一八八五）年四月十一日、富山県の射水郡《いみずぐん》枇杷首村《びわくびむら》（現射水市）で、父庄次郎の次男として生まれた。

正力家は、土建を稼業とし、苗字、帯刀が許されていた、いわゆる中農という家格であった。

松太郎は、虚弱な子供だった。

当時、ひ弱な子供は、寄宿舎から学校に通うのが通例だったが、庄次郎のやり方は違った。八キロほどの道程を、毎日、地下足袋で歩かせたのである。

勉強をするよりも、とにかく体を鍛えろという父の教えに従った松太郎は、健康になった。

もっとも、卒業の席次は、ビリから四番目だったけれど……。

それでも、北陸の名門、第四高校に、そのまま進めたというのだから、暢気《のんき》な時代である。

当時、第四高校では、西田幾多郎が倫理学を講じていた。

正力は柔道の選手としては、極めて優れた評価を受けていた。無段ながら、第三高校の大将を倒したのだ。

第四高校卒業後、正力は東京帝大法科大学の独法科に進学した。

しかし、大学のキャンパスよりも、講道館にいる時間の方が長かった。

大学の同級生には、重光葵、芦田均、石坂泰三がいた。

正力は、同郷の先輩の南弘――内閣書記官長、逓信大臣、台湾総督――に見込まれて、高等文官試験に合格し、警視庁に入ることになった。

警部の辞令を受けとったのは、大正二年六月。二十八歳の時だった。

翌年の六月、正力は、警視に任官し、日本橋堀留署長に任じられた。

問屋街や、蛎殻《かきがら》町の相場屋、人形町の盛り場を抱える、殷賑な地域である。

「成金」の代表格として、有名な鈴久こと、相場師の鈴木久五郎などは、客をもてなすのに、丸裸の芸者に給仕をさせた、という伝説が残っている。

富商が軒を連ねる街は治安も悪く、詐欺恐喝が横行していたが、被害者は後難を怖れて、泣き寝入りするしかなかった。

正力は憤った。

「悪党に手がでない、そんなことがあるか」

厄介なのは、刑事たちが、悪党と結託していることだった。刑事たちは、彼らから小遣いをもらい饗応を受ける見返りに、情報を流していたのである。

正力は、刑事たちを集めて訓示をした。

「今までのことは、水に流そう。私も忘れるし、君たちも忘れてくれ。今後、諸君が、身命をかけて任務に精励することを、私は信じている」

∴

大正七年七月二十二日。

富山県下新川郡魚津町の主婦たちが、救助を求め騒動を起こした。

不漁の上、米価が騰貴していた。

大阪毎日と大阪朝日が、この騒動を報じたため、たちまち一道三府三十二県にひろがった。

一方、東京の日比谷公園では、米価問題市民大会が開催されようとしていた。

主催者も責任者もいない、無届集会だった。

警視庁は各署から五百人の警官を動員したが、手がつけられず、暴動となった。

日本橋久松署から、米穀取引所が襲撃を受けている、という報告が届いた。

正力が夜八時、現場にかけつけると、群衆は取引所を包囲して投石していた。

正力は、頭左部に大きな石をぶつけられ負傷した。長さ、六、七センチ、骨膜に達する重傷だった。

正力の血まみれの姿を見て、群衆は静まりかえった。警官隊は、その隙に、暴徒を一網打尽にして、検挙してしまった。

東京では、浅草吉原の襲撃をもって騒動は、鎮静していった。

井上清、渡部徹編の『米騒動の研究』は、実に百万人前後の人々が、騒擾《そうじょう》に参加した、と記している。

大正デモクラシーのさなかに起きた大騒擾事件は、山縣有朋を筆頭とする元勲たちにも、激しいショックを与えた。


大正十二年十二月二十七日。

午前十時四十分。

御病気の大正天皇の名代として、摂政裕仁殿下は、第四十八帝国議会開院式に御出席のため、侍従長の入江為守と共に、お召自動車で赤坂離宮を出発し、虎ノ門にさしかかった。

当時は、戦後のような厳しい警備はなく、警官や憲兵も、ごく少なかった。

お召自動車が芝区琴平町の家具商「あめりか屋」にさしかかると、拝観者に交じって不審な動きをした青年がいた。

青年は素早く警戒線を破り、仕込み銃を構えて、摂政に向けて発砲した。右側のガラス窓に大きな亀裂が入り、車中に弾丸が散乱した。

摂政は無事だったが、入江侍従長は、顔に小さな傷を負った。

狙撃した青年、難波大助は、「革命万歳」を叫びつつ、走っているところを警官と憲兵にとり押さえられた。

政府の対応は、早かった。

山本権兵衛内閣は、その日のうちに辞表を提出した。

摂政から留任するようにとの優諚《ゆうじょう》があったが、辞退して総辞職を決行した。

世に言う、虎ノ門事件である。

警察の責任者として免官処分を受けたのは、警視総監湯浅倉平、警視庁警務部長正力松太郎だった。

かくして、正力松太郎の官界生活は、終わりをつげた。順調にいけば、次は県知事に就任するはずだった正力は、官界を去らざるを得なくなったのである。

∴

案外早く、正力はカムバックの機会を得た。

神楽坂署長時代に懇意にしていた千葉博己が正力を訪ねてきたのである。

千葉はいきなり、正力にこう言った。

「あんたは、もう官界には戻れまい。奮起一番、新聞をやらんか。あんたならできるぞ」

たしかに、もう官吏にはなれないだろう。それなら新聞をやるのも面白いのではないか……

と正力も考えた。

正力は、伊豆長岡の後藤新平を訪ねた。

あいにく、後藤は西園寺公望の興津《おきつ》(静岡県)の別荘に赴いていたが、夕方近くになり、帰ってきた。

「何しに来たんだ！」

「早急に、金が十万円ほど必要なんです」

「何に使うんだ」

後藤はそっけない。

「売りに出ている読売新聞を買おうと思いまして……」

後藤はニンマリと笑ってみせた。

「分かった、十万円は引き受けた。二週間後に取りに来い」

当時の十万円といえば、資産家でも躊躇する額である。

「新聞経営は、難しいと聞いている。失敗したら未練を残すな。その金は返さないでいい。そのつもりで新聞に打ち込め」

後藤は言った。

∴

正力が、読売新聞を買った大正十三年頃、発行部数は四万部で、東京の新聞社としては、三流に位置していた。

正力は、社内で信望の厚い千葉亀雄を社会部長から編集局長に昇格させた。

一方、社務を統轄する総務局長には、警視庁特高課長だった小林光政、販売部長には、警視庁捜査課長の武藤哲哉、庶務部長に警視庁警部の庄田良を配し、営業局長には、新聞界に通じた毎日通信社長の桜井貢を抜擢した。

経営の現場に立つと驚くばかりだった。

崩壊の瀬戸際だというのに、社員の前借、車賃、接待費などが、際限なく蕩尽されていたのである。

後年、正力は、当時の状況をふりかえって、こう語っている。

「たとえば朝日や毎日が戦艦なら、さしずめこちらは木造船である。木造船で軍艦に手向かえば、こっちは自滅する。戦闘には水雷艇でゆくことが先決だ」

大正三年三月、大正天皇の即位を記念する東京大正博覧会が催された。

上野公園に、軍事から美術までの展示館を並べたもので、観覧者は、約七百五十万人に及んだ。

博覧会の集客力を知った正力は、娯楽的な要素が多い、納涼博覧会を計画した。

無料入場券を配って、景気を煽ることで、読売本紙の新規購読者を獲得しようという目論見である。

読売新聞はこうしたイベントで部数を伸ばしていく。

昭和四年の暮れ方。

報知新聞の論説記者、池田林儀《しげのり》が正力を訪ねて来た。

池田は、記者仲間では、国際通という定評を得ている人物だった。

「正力さん、あなたベーブ・ルースを知っていますか」

正力は、高岡中学で野球をしていたことがあった。

「本塁打を一シーズンに、六十本も打っているんですよ。朝日も毎日も、ベーブ・ルースを招聘したいが、ギャラが高すぎて手がでない。読売が招いたら、面白いんだけれど……」

池田は、言った。

「で、池田君、いったいギャランティはいくらなんだい？」

「二十五万円です」

当時、シボレーの４ドアセダンが、二千五百円であった。

莫大なギャラである。

その頃、野球はようやく国民的スポーツの一角を占めるようになっていたが、まだまだ本格的に普及しているとはいえない状況だった。けれど、ベーブ・ルースが来日すれば、野球人気が沸騰するのは、目に見えていた。

「池田君、ルースを呼んでくれ。二十五万円といっても、五万ぐらいは値切れるだろう」

正力は、早大野球部の監督を辞したばかりの市岡忠男を、読売の運動部長に抜擢した。

外務省は、率先してルース招聘の道筋をつけた。険しさを増していた日米関係にとって、またとない機会だと考えたからである。

ニューヨークの総領事、斎藤博から、ハンター監督との交渉経緯が届いた。

「交渉は進んでいます。ギャランティは、ルースが七万円、ルー・ゲーリッグが三万円、他に監督、選手、審判を加え夫人同伴で、二人を含めて総額二十五万円。ただしルースとゲーリッグ以外は二流どころになります」

正力は、叫んだ。

「俺は、一流主義だ！　二流は御免被る！」

ハンター監督が来日し、正力と見《まみ》えることになった。

「今回の招聘は、日米親善と読売新聞の宣伝以外の目的はない。だから私は一文も儲けようとは思っていない。もしも上手く儲かったなら、全部君たちに進呈しましょう」

正力の言葉にハンターは驚き、「ギャランティは十万円でいい」ということになった。

当時、読売の経理は、火の車だった。

読売新聞は、ようやく二十二万部を達成したばかり。アメリカ・チームの招聘は、紛うことなく、社運が賭けられていた。

正力は宣伝の陣頭にたった。

「日米野球のポスターで、東京を埋めてしまえ！」

結局この興行は大成功となり、東京、大阪、神戸どこへ行っても試合は観客に溢れ、これにより読売新聞は五万部も発行部数を伸ばした。このキャンペーンの経費は、四万八千円かかったという。

昭和六年九月。

満州事変が勃発した。

新聞紙面の様相は一変した。

大衆小説や娯楽面、スポーツや催事を通して販路の拡張を進めてきた新聞各紙は、大きな方向転換を余儀なくされた。

事変の勃発以降、速報が新聞の生命線になり、朝日と毎日は、百人を超える記者を前線に送り込んだ。電送写真や携帯無線機を駆使して、連日紙面を賑わせていた。

その点で読売は、一歩遅れをとっていた。

そのハンディを克服するために、正力は、夕刊の発行を決断したのである。

「満州事変を詳しく報道するには、夕刊が必要なのだ。記者諸君は、いい記事を書いてもらいたい。いい紙面を作れば読売は売れる」

満州事変が支那事変に発展した、昭和十二年前後には、販売網の再編を進めつつ、特派員を前線に送りこみ、朝日、毎日に引けをとらない紙面を作り上げていった。

報知新聞や時事新報など、東京系が凋落著しいなか、読売は大阪系両紙と対等の競争を展開していた。

∴

読売新聞の新社屋が落成したのは、昭和十四年十一月であった。

その年の九月ドイツ軍がポーランド進撃を開始し、第二次世界大戦が勃発している。

工事の進行とともに発行部数も増えていき、昭和十年時の二倍の百二十万部と急増し、業界のトップに君臨することになった。

正力は、厳しい統制時代の渦中にも、全国制覇の野望に燃えていた。

昭和十六年十二月八日。

海軍が、真珠湾を攻撃し、太平洋を舞台にした大戦争が勃発した。


昭和二十年八月十五日正午。

天皇は、ラジオを通じてポツダム宣言の受諾、戦争終結の詔を放送した。

九月二日には、アメリカの戦艦ミズーリ号で重光葵および梅津美治郎《よしじろう》両全権により降伏文書の調印が行われた。

十二月二日朝。

GHQは、戦争犯罪人の指定を行った。

梨本宮守正王《なしもとのみやもりまさおう》を筆頭に、平沼騏一郎、広田弘毅ら重臣、元蔵相の池田成彬《しげあき》、元内務大臣の後藤文夫、そして正力松太郎も、戦犯として逮捕された。

東條英機元首相は、米軍の到来を目前にして、自決を図ったが、心臓を撃ち損ねて死にきれなかった。

正力は、巣鴨プリズンに収監された。

わずか三畳の部屋で、三十五年ぶりに座禅を組んだ。一日、五時間、坐ったという。

二十二年には釈放されたが、公職から追放され、カムバックには時間がかかった。

読売の社屋は出入りが禁止された。

快々《おうおう》とする日々が続く中、日産コンツェルンを築いた鮎川義介が訪ねてきた。

「今、アメリカでは、テレビジョンが流行っている。この仕事は、君にしかできない」

実のところ、正力もテレビについては、深甚な興味を抱いていたのである。

必要な資金は、十億円という莫大なものだった。

しかし、正力は諦めなかった。池田勇人蔵相の肝いりで、三田綱町の蔵相官邸で、テレビに関する懇談会が設けられ、財界、政界からの全面的支持をとりつけた。

昭和二十六年十月、正力は電波監理委員会へ「日本テレビ」の免許を申請。翌年七月予備免許が交付された。

かくして、有楽町の読売新聞社別館に「日本テレビ放送網株式会社創立事務所」の看板が掲げられたのである。

正力の構想に、最も大きな衝撃を受けたのは、ＮＨＫだった。

テレビを手がけるのであれば、当然、公共放送たるＮＨＫが先という目論見が完全に破れたのである。

昭和二十八年八月二十八日。

日本テレビの開局披露式が行われた。

吉田茂首相を筆頭とする朝野の名士が、テレビ放送の開始を祝った。

とはいえ、テレビの普及率は、けして高くはなかった。

電化製品のなかでも、飛び抜けて高価だったからである。

これでは、なかなかテレビは普及しない……。そこで正力は、奇抜なアイデアをもちだした。

盛り場や街頭に、テレビ受像器を設けたのである。

当時の受像器は、かなり小さいものだったが、それでもテレビの魅力を伝えるには十分だった。

特にプロレスの人気は高く、力道山はたちまち国民的英雄になった。

∴

正力に、原子力についての知識をもたらしたのは、橋本清之助であった。

橋本は、大政翼賛会周辺の活動家だったが、大戦後、日本原子力産業会議の初代事務局長を務めた人物である。

橋本は正力に対して、アメリカでは原子爆弾で発電しよう、という気運がある、と教えたのだった。

正力は、敏感に反応した。

昭和三十四年五月五日。

第三回東京国際見本市が開かれていた。

見本市の目玉は、実働原子炉UTRだった。

原子炉といいながら、出力は、わずか〇・一ワット。原子炉を安定的に運転するために出力を抑制していたのであり、実際は百キロワットまでは、問題なく発電できた。

昭和天皇、皇后は、五月十二日に見本市を訪れた。

ドイツ、チェコスロバキア、アメリカなどの特設コーナーを見て回ったあと、天皇は、原子炉を視察した。

天皇は強い興味を抱いたようで、自身で原子炉の周囲に巡らされた柵を取り払い、階段を昇り、炉心部を直接、覗いた。

その後、正力は読売新聞や日本テレビを使った大々的な原発推進キャンペーンを展開し、初代の原子力委員会委員長に就任した。

「国は原子力発電の開発に全力を尽くす。地方自治体は、アイソトープの利用法の開発を手伝っていただきたい」

原子力委員長に就任した直後の発言である。

谷崎潤一郎

Tanizaki Junichiro

1886-1965

今東光《こんとうこう》という名前に反応できる人が、今日、どれほどいるだろうか。

私ぐらいの年まわりだと、「週刊プレイボーイ」の名物記事だった『極道辻説法』を懐かしく思いだす人もいるだろう。

『辻説法』は、若者のための人生相談という体裁なのだが、とてつもなく乱暴なのだ。

女子高生を孕《はら》ませてしまったのだが、どうしたらいいか……。

といった質問が寄せられると、

「旨いことしやがって、俺にもやらせろ」

などという、僧籍にはあるまじき、ファンキーな発言をしていた人物であった。

今東光は、谷崎潤一郎に親炙《しんしゃ》し、川端康成の親友でもあった。ある意味での果報者である。

今東光の母親は、実の子供をさしおいて、川端ばかりを贔屓《ひいき》にし、着物を作ってやったり、御飯を食べさせてやったりしていたらしい。

∴

大正八年三月、谷崎が小石川原町から曙町に引っ越すという話を聞いて、東光は早速、手伝いに赴いた。

当時の引っ越しは、塵をかぶるのが当り前だったので、安直な支度で、赴いたのだが、驚くほど、家財が少ない。

「どうしてこんなに、荷物が少ないんですか」と聞くと、谷崎は平然と言った。

「大概の家財道具は屑屋に売っ払うんだ。そして新しい家に入る時に新しい家具を買えば好いじゃないか」(『十二階崩壊』今東光)

この後も谷崎は何度も転居するが、その度に同じことを実行した。

もう一つ驚いたのは、蔵書が少ないことだった。和漢の辞書さえ、手元に置いていなかった。記憶力が凄まじい谷崎は、我が脳中にあらゆる言葉を抱え込んでいたのである。

∴

谷崎が小田原十字町に住まっていた時のことである。

映画会社の社長からの口添えで、早稲田の英文科の卒業生が、原稿を読んでいただきたいと、訪れた。

東光からすれば、大学の文科などで勉強したところで、小説家になれるわけがなく、読めたものではない文章で、つまらないことを書き連ねた物を読んでほしいなど、谷崎に対して、失礼千万と思ったが、谷崎の手前、厳しいことは言えない。

谷崎は、新作の喜劇について、気持ちよさそうに青年に話している。

夕食の後、東光は文学青年を近くの浜に散歩に誘い、忠告した。

「谷崎は、文学青年のもちこんだ小説なんて読みはしないよ。気がむけば、題名ぐらいは、眺めるかもしれないけどな」

青年は、「ははあ……」と泣きそうな声を出すと、そのまま砂浜に座り込んでしまった。しばらくして悄然と立ち上がると、言った。

「僕は、この足で東京に帰ります」

そりゃ、谷崎も喜ぶだろう、と親切のつもりで、東光は言った。

「どうして彼は帰ったのかい?」と谷崎に聞かれて、東光は言わざるを得なかった。

「だって、どうせ彼奴《きやつ》の小説なんて見てやらないんでしょう。だから無駄だと教えてやったんです」

怒るのかと思った谷崎は、東光を振り向きもせず、言った。

「そいつはよかった」

実際谷崎は、他の作家のように、若い作家を引き立てたり、育てようとはしなかった。

たとえば川端康成は、地方の零細な同人誌に掲載された作品を見逃さなかった。

川端の熱意で救われた作家は沢山いた。

北条民雄の『いのちの初夜』の出版に奔走した一件はその典型である。

当時の強い差別感情、医学的知識の不足により、社会的に著しく不利な情勢におかれていたハンセン氏病患者の、実態を知らしめたのである。

∴

大正活動写真の若い俳優たちは、谷崎に甘ったれすぎている、と今東光は感じていた。

谷崎の義妹の勢以子《せいこ》が葉山三千子という芸名で女優になっていて、俳優たちは三千子を中心にして遊び廻っていたのである。

東光は、目に余る連中のなかで、幾人かに注目していた。

巨軀で、カメラマンがもてあます大きな三脚を軽々と抱えてしまう内田吐夢《とむ》、美男の高橋英一（後の岡田時彦）、何度も刑務所にはいっていた江川宇礼雄《うれお》……彼らは後年、それぞれに名を上げた。

「君は活動写真が嫌いなのかね」

ある時、やや不機嫌気味に、谷崎が今東光に尋ねた。俳優たちに厳しい、東光は映画が嫌いなのだと思ったのだろう。

「嫌いじゃありませんよ」

「初めて観たのはなんだい？」

「そりゃあ、『ジゴマ』ですよ」

母親に内緒で先輩に連れられて、神戸の湊川で見たのだ。

『ジゴマ』は、いわゆる怪盗ものの嚆矢《こうし》であった。

「俺も『ジゴマ』は、何回も観たな」と、谷崎は嬉しそうに言った。

人形町界隈を遊び場に育った谷崎は、少年時代、親友におごられて、何度も『ジゴマ』を観たという。

原作者の名やその制作会社まで、ちゃんと記憶していた。

少年の頃から、すでに谷崎は映画に魅せられていたのである。

今東光の役割は、客観的に見ると、無給の助手のようなものだった。

東光としては、博覧強記の谷崎の側にいるだけで、知的滋養が得られるのは確かだった。

しかし、谷崎が、自分をどの程度買ってくれているのか、東光はよく解らなかった。

∴

谷崎潤一郎は、明治十九年七月二十四日、東京市日本橋区蠣殻町《かきがらちょう》二丁目十四番地に生まれた。

父の倉五郎が数えで二十八歳、母の関が二十三歳だった。

谷崎が生誕した頃、両親は祖父の久右衛門と同居していたという。

祖父の久右衛門は、一代で谷崎家を繁栄に導いた人物である。

深川の小名木川べりの釜屋堀の、釜を製造する釜六という店の総番頭であったが、維新後に彰義隊が起こした上野の騒乱で、市中の土地家屋が一時値下がりしたのに乗じて、京橋の霊岸島の真鶴館という旅館を百両で買い取って経営を始めた。だが、それを二番目の娘の夫に譲り、日本橋の蠣殻町に家を構えて活版印刷業を始めた。

「明治十何年かに活版印刷業を始めたと云ふことは、釜屋だの宿屋だのと云ふ古臭い商売からハイカラな職業に転じた訳なので、祖父は当時の文明開化の尖端を行かうとしたのであらう。活版所の前を真つ直ぐに、蠣殻町一丁目の通りへ行くと、そこはその頃の所謂『米屋町《こめやまち》』で、米穀取引所を中心に、左右両側に米穀仲買人の店が並んでゐた」(『幼少時代』谷崎潤一郎)

金銭がダイナミックに流通する、ある意味でバルザック的な世界を、目の当たりにして、谷崎は子供時代を過ごした。

驚くべきことに、谷崎の祖父はキリスト教ニコライ派の信者だった。

家は代々日蓮宗だったのだが、自分一人だけキリスト教徒になり、毎日マリア像を拝んでいたという。

キリスト教禁止令が解かれて十年ほどしかたっていない時期に改宗したのもまた、進取の精神によったのだろうか。

祖父は、明治二十一年六月、五十八歳で死んだ。臨終の際、神父が枕頭に現れ、日蓮宗の僧侶と口論になった。

葬儀を日蓮宗で出すかニコライ派で出すかで、家族の間で大問題となり、ニコライ派の浄衣をつけて十字架を下げさせ、その上に経帷子《きようかたびら》をつけさせた、という半ば信じがたい事態になったという。

∴

谷崎は、阪本小学校の八年の全科を卒業した。けれども家計は厳しく、到底、中学に進める状態ではなかった。

父は久右衛門の娘婿だったが、商才がなく、いつも失敗したり、騙されたりしていた。婚家の援助で洋酒屋を始めたがうまくいかず、久右衛門の事業を手伝ったが、これもだめ。米穀取引所の仲買人となったが、それとてうまくいくはずがなかった。

尋常小学校を出たら、奉公に行くか給仕にでもなってくれ、と父はいつも言っていた。

谷崎は、家計の逼迫を理解していたが、やはり中学校に進学したかった。

担任の教諭も、谷崎が優秀な成績を収めていることを承知していたので、なんとか進学させようと奔走してくれた。

そして、谷崎は東京府立第一中学校（日比谷高校）を受験し、合格したのである。

結局、谷崎の熱意と教師の奔走、親戚の協力により進学の道は開かれた。

「巖谷漣山人主筆の『少年世界』が博文館から創刊されたのは、私が阪本小学校の尋常二年生であつた年の正月、即ち明治廿八年の新春であるが、私が母校の出身者の中に文禄堂の主人堀野與七氏事京の藁兵衛《わらべえ》があることを知つて、ひそかにその人に好奇心を寄せ、とき〴〵文禄堂の前を行つたり来たりしたのは、随分早くからのことで、多分私は少年世界を創刊後間もなく手にするやうになり、既にその誌上で藁兵衛の名に親しんでゐたのであらう」（同前）

いまや京の藁兵衛は、完全に忘れられた作家であるが、藁兵衛が谷崎に与えた刺激は大きかったようだ。

谷崎が、「谷崎花月」という号で、『学生倶楽部』なる回覧誌の雑録欄に『学生の夢』と題した文章を発表したのは、明治三十一年、尋常小学校高等科二年生の時である。

府立第一中学校に入学してからは、一中の「学友会雑誌」第三十五号に漢詩『牧童』を発表。続いて『護良王』、『観月』、『残菊』の漢詩三つと『歳末の感』を次の号に、第三十七号には『厭世主義を評す』を発表している。

中学の一級上だった辰野隆《ゆたか》は、当時の谷崎の風貌を、以下のようにスケッチしている。

「谷崎は――両手を上衣のポケットに突込み、すこし前こごみで、眼を光らせながら、のそりのそりと歩いている形が――何処やら野良猫に似ていた。今でも、中学三、四年頃の彼の写真を秘蔵しているが、先日も久しぶりで、筐底から取出して眺めて見た。昔そう思ったせいか、やっぱり猫のようなところがある」（『伝記　谷崎潤一郎』野村尚吾）

ようやく一中に入学できた谷崎だったが、二年目の時に父の事業がいよいよ苦境に陥り、廃学をせまられることになった。

そこをまた、教師の斡旋で築地精養軒の主人、北村氏の住み込み家庭教師になり、学業を続けられるようになったのである。

∴

府立一中を卒業した谷崎は、第一高等学校、英法科に入学した。

谷崎は、府立一中のころから、自分が作家としての天分に恵まれていることを自覚していたが、学費を出してくれた、北村氏の希望を容れたのだった。

ところが二年生の終わりも近い明治四十年六月、谷崎の身辺に、変事が襲った。

北村家に行儀見習いに来ていた、小間使いの福子との恋愛が発覚し、谷崎は北村家から追放されてしまったのだ。

当時、奉公人の恋は御法度だった。

北村家から突然、『スグキテクレ』という電報を受け取った父親は、大慌てで北村家に向かった。

北村氏から事情を聞いた父親は「恥ずかしくて、人にも話せやしない」と、ぷりぷり怒りながら、谷崎を連れて戻ってきた。

結局、伯父が高等学校卒業までの学費を出してくれることになり、谷崎はこれを機会に文学で身を立てる覚悟を決め、英文科に転じたのだった。

谷崎は、明治四十四年、一月号の『スバル』に、戯曲「信西」を発表し、初めて原稿料をもらった。

同年三月に『新思潮』が廃刊したため、谷崎は六月に「少年」を、九月に「幇間」を、『スバル』に発表した。さらに、『三田文学』からの依頼で、十月号に「飇風《ひょうふう》」を書いた。

慶應大学は、当時、フランスから帰朝した永井荷風を教授として招き、雑誌『三田文学』を主宰させていた。

ところが、「飇風」の性描写が問題となり、『三田文学』十月号が発禁になってしまった。

しかし、谷崎はついていた。

業界の名物編集者、滝田樗陰《ちょいん》から、原稿依頼が届いたのである。

滝田樗陰の谷崎評はかなり面白い。

谷崎は、尾上菊五郎によく似ていて、自分でも意識して真似したという。

身体の具合が悪い時に、不快なことでもあると、硬い、バリバリした頭髪をモジャモジャにして、顔色も黒くなり、本当に菊五郎の扮した悪党坊主のように見えてくることもあったのだそうだ。

かくして、『中央公論』十一月号に「秘密」が掲載された。

が、谷崎の文壇的地位を確立したのは、『三田文学』十一月号に掲載された、永井荷風の激賞記事によってであった。

「明治現代の文壇に於《おい》て今日まで誰一人手を下す事の出来なかつた、或は手を下さうともしなかつた芸術の一方面を開拓した成功者は谷崎潤一郎氏である。語を代へて云へば谷崎潤一郎氏は現代の群作家が誰一人持つてゐない特種の素質と技能とを完全に具備してゐる作家なのである」(「谷崎潤一郎氏の作品」)

∴

永井荷風と滝田樗陰に認められた、気鋭の作家を周囲が放っておくはずもない。

明治四十五年四月、谷崎は『大阪毎日新聞』と『東京日日新聞』に京阪見物記を書くよう依頼され、生まれて初めて、京都を訪れた。

しかも京都では、新聞社によってかなり贅沢をさせてもらっている。

京都に到着してすぐ連れられていったのが、麩屋町のフランス料理「萬養軒」であった。

「もう二、三人客を呼んでいる」と言われ、誰が来るのかと思ったら、芸者であった。

「先《ま》づ祇園では十人の指の中へ数へられる一流所の女ださうだが、肌理《きめ》の細かいのは勿論の事、鼻筋が通つて眼元がぱつちりと冴えて——唇の薄い、肉附のいゝ美人である。外の一人は、黒の縞のお召を着た年増で、此《こ》れはなかなか好く喋る」(「朱雀日記」)

食事が終わって案内されたのは、木屋町の静かな旅館。
「御影を敷いた細い路次の奥のこぢんまりした家で、東京の待合然として居る。藝者も泊れるのだと云ふから、実際幾分かさう云ふ性質も帯びて居るだらう」（同前）
翌日からも、全て新聞社もちで京都観光をしたり、祇園に遊んだりと、実に楽しそうだ。
当時岡崎にいた上田敏の招待で、高級料亭「瓢亭《ひょうてい》」で食事をしている。
「先づ最初に、笹の雪の餡《あん》かけぐらゐの大きさに切つた一《ひ》と片《きれ》の豆腐が、小型の皿に盛られて出る。豆腐の上には青い白いどろ〳〵の汁がかゝつて居る。東京の絹漉程の柔かみはなく、肌理の工合も違つて居ながら、口に含めば全然別趣の、捨て難い味がある。汁は木芽を粉にして、砂糖と一緒に溶かしたやうなものであらう。（中略）酒が好いので頭へも上らず、いくらでも物が喰べられる」（同前）
この時、谷崎は弱冠二十七歳である。新聞社の饗応に臆することもなく、実に堂々としている。

∴

京都に遊んだ翌年、大正二年一月、『中央公論』に「悪魔」が掲載された。
「悪魔」はかなり生々しい小説である。
鼻風邪を引いた女性のハンカチを舐めるという趣向である。

「此れが洟《はな》の味なんだ。何だかむつとした生臭い匂を舐めるやうで、淡い、塩辛い味が、舌の先に残るばかりだ。しかし、不思議に辛辣な、怪《け》しからぬ程面白い事を、己は見付け出したものだ。人間の歓楽世界の裏面に、こんな秘密な、奇妙な楽園が潜んで居るんだ。……彼は口中に溜る唾液を、思ひ切つて滾々《こんこん》と飲み下した。一種掻き挘《むし》られるやうな快感が、煙草の酔の如く脳味噌に浸潤して、ハツと気狂ひの谷底へ、突き落されるやうな恐怖に追ひ立てられつゝ、夢中になつて、唯《ただ》一生懸命ぺろぺろと舐める」(「悪魔」)

同年四月、『大阪毎日新聞』に「少年の記憶」を発表しているが、「悪魔」に通じる谷崎の生々しい感覚が窺える描写がある。

「十歳《とお》になつた正月、私は初めて、お節の煮〆めの中にある蒟蒻《こんにゃく》を喰つた。私はツルツルした蒟蒻の肌《はだえ》を珍らしさうに舐めて見たり、口腔へスポスポと吸ひ込んで舌に啣《ふく》んで見たりした。さうして、物体の形状から予《あらかじ》め想像して居た通りの味である事を知つた」(「少年の記憶」)

∴

谷崎が『東京朝日新聞』に物を書くようになったのは、大正三年のことである。この年の四月から、『東京朝日新聞』では夏目漱石が「こころ」の連載を始めていた。その連載が終わり、次の大作が始まるまでの間に、谷崎の短編「金色の死」が数日間掲載されたのである。二年後には「鬼の面」という長編が連載されている。

当時のことを谷崎はこう述懐していた。

「思ひ出すのは、一週間毎に受け取ることになつてゐた原稿料を、毎週待ちかねるやうにして銀座の朝日新聞社まで取りに行つたことである。私の家は向嶋の新小梅にあつたが、あすこから雷門まで歩いて電車に乗り、今の西銀座、その頃の瀧山町にあつた同社まで、大概自分で出かけて行つた。稿料は一回五円ぐらゐで、三十円ぐらゐづつ払つてもらつたのだと思ふ」(「あの頃のこと」)

当時、小学校教員の初任給は十二〜二十円であった。

『細雪』を谷崎の『源氏物語』と呼ぶ見立てが、誰によって始められたのかは、詳《つまび》らかにしない。

しかし『細雪』下巻完結直後の、昭和二十四年一月に発表された、折口信夫の『「細雪」の女』と題した批評は、なかでも最も早いものだろう。

その中で折口は、「源氏物語を読んで、須磨・明石よりも先へ読み進んだ人は、この女性の性格の中に、著しい類似を思ひ浮べたことであらう。紫ノ上――源氏の北の方――の幻影が見られることである」と指摘した。

この小説には、『源氏物語』も含め、谷崎の上方《かみがた》志向が結晶している。

谷崎が一家を上げて関西に移住したのは大正十二年。『細雪』の稿を起こしたのが、昭和十七年。

昭和二十三年に発表した『「細雪」回顧』のなかにこんな記述がある。

「変ると云へば大正末年私が関西の地に移り住むやうになつてからの私の作品は明らかにそれ以前のものとは区別されるもので、極端に云へばそれ以前のものは自分の作品として認めたくないものが多い」

食についても関西贔屓になり、「一体食味の点から見ると、関西は上国《じょうこく》で関東は下国《げこく》だ」（『東西味くらべ』）といって、河岸の江戸っ子気質《かたぎ》などは、完全に忘却している始末だった。

江戸の河岸の、冷たい風を毎日呼吸していた谷崎は京都において、奥深い、人々の睦みあいを知り、時にいけずないたずらを受けながらも、それを楽しんでしまう文化を進んで吸収していったのである。

∴

昭和三十六年、『中央公論』十一月号に『瘋癲《ふうてん》老人日記』が発表された。

『瘋癲老人日記』の主人公、卯木督助《うつぎとくすけ》は執筆当時七十五歳だった谷崎自身の姿を髣髴とさせるものだ。

七十七歳の卯木督助は自分の妻や娘たちには極めて冷淡だが、息子の嫁、颯子《さつこ》を大変かわいがっている。

老妻と住むはずだった隠居所の予算を注ぎこんで、時価三百万円の猫目石を買ってやったり、水泳中の足の裏を見たいばかりに、庭にプールを作る。

挙げ句の果てには、嫁に姦通を鼓舞する始末……。

嫁の颯子にはモデルがある。

妻の連れ子・清治を妻の妹・重子の養子にして渡辺家をつがせるのだが、その清治の妻になった、渡辺千萬子という女性がその人である。

昭和三十七年五月二十三日付の同女宛の手紙がある。

「『老人日記』単行本が出来上りました近日署名しておくります。この創作が書けたのは君がゐてくれたお蔭です。いろ〳〵のことで君のお蔭を蒙むることがいよ〳〵深くなつて行くのを感じます」

老人の心理の頂点は、老人がこの女性に介護されながら、小児にかえって泣きわめく場面だろう。

「『颯チヤン、颯チヤン、痛イヨウ!』

マルデ十三四の徒ツ子ノ声ニナツタ。ワザトデハナイ、ヒトリデニソンナ声ニナツタ。

『颯チヤン、颯チヤン、颯チヤンタラヨウ!』

サウ云ツテヰルウチニ予ハワア〳〵ト泣キ出シタ」(『瘋癲老人日記』)

あらゆるものに貪欲に生きてきた人間が老人になるとどうなるのか、その生々しさが際立っている。

一方、川端康成は晩年の作『眠れる美女』で、老人が意識なく眠らされている若い女性と一夜を過ごし、その体を撫でたりさすったりしている。

同じように貪欲に生きてきた作家が行き着いた場所の違いは興味深い。

∴

冒頭にも書いたが、生涯谷崎は引っ越しを繰り返し、その度に家財道具一切を売り払った。

昭和三十八年、谷崎は足かけ十年住んでいた伊豆山鳴沢の雪後庵からの転居を考えた。

湯河原に恰好の土地が見つかり、翌年には「湘碧山房」が完成した。

「その家は湘碧山房の名にまことにふさわしかった。蜜柑畑の中に建って家の内から東海道本線の走るのが見え、相模湾の紺碧が視界いっぱいに広がっていて、その点、伊豆山鳴沢の家からの眺めとやや似ていた。網代、川奈の七浦の湾曲は前の家の方がよく眺められたが、その代り初島がはっきりと近くに見下ろせた」（『伝記　谷崎潤一郎』）

しかし、この頃から、谷崎の健康は危険な状態に陥っていた。前立腺肥大症だった。

昭和四十年の一月八日、東京医科歯科大学病院に入院した。前立腺の手術は、心臓衰弱のため、非常に危険だったので、安全を期して腹部に穴をあけ、そこから放尿できるような、処置が取られたという。

七月二十四日は、谷崎、七十九回目の誕生日だった。

主治医の許可を得て、親しい人を招きお祝いが行われた。シャンペンをいくらか呑み、好物の料理を食魔らしく平らげた。

ところが、翌朝、血尿が出、夕方には悪寒を訴えた。

腎不全と診断された。

危篤状態が続いた七月三十日の早朝、医師の診察を受けたすぐあと、突然酸素吸入マスクを撥ねのけてのけぞった。泊まり込みの医師二人が、人工呼吸をし、カンフル注射を打ったが、息たえてしまった。

∴

春の京都を訪れる時、必ず足を運ぶ場所がある。

東山の法然院である。

ここには谷崎の墓がある。「寂」「空」という自筆の文字が刻まれた自然石が二つ並んでいて、その脇には見上げるほど大きな紅しだれ桜の木がある。

谷崎家が生前に求めたものだという。

以前訪れた時はちょうど満開で、長い枝が垂れて、花が墓にかかっていた。

生涯を通し悦び、快感、贅沢を満喫した谷崎の人生がそこに見えた。

梅原龍三郎

Umehara Ryuzaburo

1888-1986

私の好きな梅原龍三郎の絵に『竹窓裸婦』がある。

赤い垣根と竹林をバックにして、脚を組んで椅子に座る裸婦を真正面から描いている。裸婦の体の線に使われている緑色がいい。力強い線でありながら、竹林の緑が映されているような涼やかさがある。

明治四十一（一九〇八）年、二十歳で渡仏した梅原は、リュクサンブール美術館で見たルノワールの絵に深く感銘し、その後師事することになるのだが、ルノワールは梅原に対し、「君には色彩がある。デッサンは勉強で補えるが、色彩はタンペラマン（天性）だ」と高く評価していたという（『現代日本美術全集12　梅原龍三郎』「梅原龍三郎の芸術」小川正隆）。

今、梅原の絵はいくらくらいで買えるのだろうと、知り合いの画商に聞いてみたところ、

「四号の油彩『裸婦』が八百万円でありますよ。少しお安くいたしますが、いかがです?」と言われた。

八百万円が高いのか安いのかは微妙だが、自分の住いの部屋に梅原の絵を飾ったところを想像すると、そこだけまったく違う空間になってしまう気がした。

それほど絵が強いのだ。

芥川龍之介は梅原の絵を「並みの日本人と食いものが違う」絵だと評していたが、実際、梅原は大変な健啖家だった。

八十歳を過ぎても、軽く三人前の鰻をたいらげていたというのだから、たいしたものだ。

ただし、日本料理で好きなのは鰻くらいで、もっぱらフランス料理と中華料理を好んだ。

日本料理は「風を食ったようで、ものたりない」と言っていたという。

キャビアとフォアグラが大好物で、いつも家に常備していて、昼食にも夕食にも薄いトーストとともに食べた。

中華料理はフカヒレとナマコに目がなく、この二つがおいしい店と聞くと、それがたとえ中国であっても出かけていった。

そもそも梅原は京都生まれの生粋のぼんぼんだったのだ。

∴

梅原龍三郎は明治二十一年三月九日、京都市下京区芦刈山町で生まれた。

生家は友禅やちりめんなどの布地を扱っている絹問屋で、屋号は「宇治屋」であった。

京都の中心の四条通りのすぐ南、西洞院と油小路にはさまれたところで、染屋、糊屋、置き屋、しみぬき屋などが集まっていた。

小川正隆によれば、梅原は「京の幼きときの思ひ出」として、こう記している。

「我家は小さな家許《ばか》りの芦刈山町で断然大きな家でした。家業は一ト口にいふと悉皆屋《しつくわいや》です。呉服物の問屋から集る白生地の図案、染色、刺繡などをそれぞれの職先きに分配して出来上がつたものを所謂《いわゆる》得意先に届ける迄《まで》の仕事です。この町の大部分の家は私の家の仕事をする家であつたから、自然子供心に一町内に君臨する気持ちを持たされてゐました」

梅原は幼い頃からヤンチャ坊主で、チャンバラごっこをして相手のおでこを断ち割ったり、本身の刀を振り回したりもしたけれど、父親は何をしても怒らなかったという。

家には毎日、絵師たちが来ていて、梅原は光琳や宗達のスタイルなどについて、小学校に上がる前から話を聞かされていた。

しかもその絵師が実際に図案の模様を描いているすぐ横で見てもいたのだ。

その華麗な色彩は梅原の奥深くに沈潜し、後に画家・梅原の色彩として現れ出たのではないだろうか。

梅原が絵を描き始めたのは十五歳の時であった。

格致小学校、府立第二中学と進んだが、中学三年の終わりに病気のため休学することになり、その後、画塾に通い始めた。

初めは伊藤快彦《やすひこ》の画塾に入ったが、すぐにフランス留学から帰ったばかりの浅井忠の洋画研究所に移った。安井曾太郎も来ていて、一緒に学んだ。

後に日本の洋画壇に「安井・梅原時代」を築くことになる二人の邂逅だった。

梅原は画家になることを志したが、父親が許さなかった。父にとって画家などは家に出入りしている図案絵師と何ら変りがなかったのだ。

もっと生産的な仕事をしろと言われ、梅原は数百羽の鶏を飼って養鶏を試みたが、見事に失敗した。

一体梅原がどうやって鶏にエサをやっていたのか見てみたいが、もちろんそんな写真が残っているはずもない。

∴

明治四十一年、梅原は絵を学ぶため渡仏した。渡航費用は父親が出した。息子には事業の才能はないと、諦めたのだろう。

梅原が画家として大成できたのは、この父親の存在なくしてはあり得ない。何しろ梅原が三十四歳になるまで仕送りを続け、生活と画業を支えたのだ。

五年間のフランス遊学において、梅原は、ルノワールをはじめとするフランスの絵画を学び、言葉を学び、演劇に興じ、料理と酒に親しみ、貪欲にフランスを吸収した。

フランスは梅原が持って生まれた資質に、日本以上に合っていたのかもしれない。

高峰秀子はこう述懐している。

「フランス生活が長かったせいか、レストランでワインリストを眺めるときの先生はいつも楽しそうで念入りだった。白はプイイフィッセ、赤ならシャンベルタンがお好みで、気に入った銘柄がみつからないときは終始上等のシャンペンで通すこともあった。／食後は必ずコニャックとデミタスコーヒーを前にして御機嫌だった」（『私の梅原龍三郎』）

大正二年、フランスから帰国した梅原龍三郎は東京三崎町のヴィナス倶楽部において、白樺社主催の油絵展覧会を開催した。

滞欧作百十点が出品され、最高価格は八百円、最低が二十円、ほとんどの作品は百円以下だったという。

公立学校の教師の初任給が五十円の時代である。現在の貨幣価値に換算すると、最高価格は四百万円といったところだろうか。

しかし、この展覧会で売れたのは、『リンゴ畑』一点であった。

帰国した翌年、梅原は、洋画家亀岡崇の妹、艶子《つやこ》と結婚した。

「実は、この艶子さんは『白樺』を定期購読されていた方で、その購読を受けつけた〝同人の一人〟が夢中になっていたんだそうです。その女性を帰国してすぐの梅原先生が攫《さら》う形になったわけです。（中略）この〝同人の一人〟というのは、里見弴《とん》さんご自身だったのではないでしょうか」（「私だけが知っている『梅原龍三郎』」吉井長三）

大正四年には東京の北品川御殿山に自ら設計したアトリエに移り、長女の紅良《あから》が生まれ、四年後には長男成四《なるし》も生まれるが、家も生活も親がかりであった。

にもかかわらず、大正九年に御殿山の家を売り払って再度渡仏したのは、ルノワールの訃報に接したからである。

「あのときは、実に、天地が裂けたか、と思った。眼の前が本当に真暗になった」（『私の梅原龍三郎』）

ルノワールの遺族を訪ね、その後、カンヌ、ナポリと回ったが、長きには及ばず、一年で帰国。

その翌年の大正十一年、父からの最後の仕送りで東京麻布の新龍土町に土地と家を求め、以降は自分の画業一本で生計を立てていくことになる。梅原、三十四歳の時であった。

∴

幸いにも、梅原の絵は日本でよく売れた。

それは、ルノワールに師事したことが大きいと思う。

日本人は印象派好きで知られる。日常における人物や風景を鮮やかな色彩で描く印象派の絵画は日本人にとって、実に分かりやすい泰西名画なのだ。

その流れを汲んでいるからこそ、梅原の絵は受け入れられた。

売れるから次を描くことができ、その絵もまた売れる、名が上がり、絵の値段も上がっていく。かくも恵まれた循環のなかに、梅原はごく自然に入っていったのだ。

中川一政は、梅原についてこう書いている。

「私は梅原より六、七年おくれて画を描き出したが、その時分油絵などは、売れるものではなかった。／再度の渡欧から帰朝した時、梅原はこう云った。／『いい画を描けば売れるという自信がついた。』それから後になってまた云った。／『高く売らなければ売った気がしない。』／この言葉は私をまごつかせた」（『近くの顔』中川一政）

もしも梅原がピカソに師事していたら、こうはいかなかったに違いない。

∴

昭和十四年七月、梅原は満州国美術展の審査に招かれ渡満する。帰途、大連から空路北京を訪れ、初めて見る景観に感動して、一ヵ月半ほど滞在することになる。

梅原の「北京時代」の始まりである。

日本にもヨーロッパにもない北京の魅力にとりつかれた梅原は戦局が逼迫する十八年まで、毎年のように北京を訪れた。

宿泊するのは北京飯店。この五階に、大きな窓から長安街や紫禁城を眺められる部屋があり、いつもその部屋をとって、制作に励んだという。

こうして生まれたのが、『雲中天壇』『紫禁城』『長安街』『北京秋天』『姑娘《クーニャン》』などの一連の作品だ。

梅原自身は北京時代をこう振り返る。

「北京での生活は、ホテルの窓から、紫禁城と長安街が目の前に見えて、朝方の景色が美しいので、早くから明るくなるのを待って、外を写し、そして昼は、北京の料理を食べて、午後は姑娘を呼んで、写生して、夕方になると、骨董屋を歩いたり、夜は芝居を観たり、非常に、充実した生活で、私のこれまでの人生の中でも一番張りのある時であったと思っている」(「梅原龍三郎の芸術」小川正隆)

三十四歳で親から経済的に自立してから二十年、絵は売れて、生活も仕事も順調で、新しい主題も見つかった。

しかも毎日、煙草を吸い、酒を飲み、美食に耽りながら、体は元気だ。

これほどの果報があるだろうか。

「画かきは坊主の生活をすべきだということは直ぐ思いつく。実際、画は売れないのだし、見込みはないのだから、生活を質素に最低生活をしていくより仕方がない。／しかし、画かきが王様の生活をすべきだとは私には思いつかなかった。若《も》し、梅原龍三郎が颯爽としていなかったならば」(『近くの顔』)

しかし、梅原の人生はまだ道半ばだった。

昭和四十七年五月、東京・銀座の吉井画廊で「梅原龍三郎北京作品展」が開催された。コレクターや美術館の手に渡って散り散りになっている、梅原の北京時代の絵を一堂に集めて展示するという企画で、代表作『北京秋天』を含む油彩、岩彩七十六点が集められた。八日から三十一日まで、二十四日間開催された展覧会は評判を呼び、連日盛況だった。

ところが、最終日前日の三十日の朝、会場から『姑娘』、『姑娘と蓮花』、『姑娘（郷郷）』、『北京秋天』の四点が盗まれてしまう。

犯人はトイレの窓の鉄格子を切り取り、ガラス戸を外して侵入したのだった。

事件はすぐにニュースで流れ、展覧会の主催者である吉井長三が梅原の家に呼ばれた。

「『君、どうするつもりかね』／と、私の顔をのぞき込むように言われる。／『保険をかけてありますので、絵を借りたところには、保険を含めてお金で弁償したいと思います』／四点で時価五千四百万円相当の金額だった。すると先生は、／『金で済まないこともある。君は画商でしょ。商人は信用が第一なのだから、ここにある絵を全部持っていきなさい。それで、この絵を欲しいという人にあげなさい』／と、応接間にかかっている作品を指差されたのだ」（『銀座画廊物語』吉井長三）

画商の失敗をかばうために、自分の作品を無償で提供したのだ。

それればかりか、「当面必要のない金だから使ってくれ」と、三千万円の現金まで差し出したという。

当時、梅原は八十四歳。画家として精力的に制作を続けていた。

∴

昭和二十三年、梅原は麻布・新龍土町から、新宿区市谷加賀町に転居した。

戦前から軽井沢六本辻に別荘を持っていたが、二十八年、同じ軽井沢の矢ケ崎に別荘を移した。

「別荘は軽井沢の碓氷峠《うすい》よりの端に位置し、裏手は小さな山になっており人家はなく、そのまま碓氷峠に続いている。／敷地内は大変広く、別荘の前方には池があった。建物はこぢんまりした木造二階建てで、二階前面が先生のアトリエになっており、三方が全部窓ガラスになっていて、正面に浅間山の雄大な姿が麓のほうまでよく望めた」（『「書簡集」梅原龍三郎先生の追憶』岡村辰雄）

自邸も別荘も両方のアトリエも全ては吉田五十八《いそや》の設計だった。

梅原は設計には特に口は出さなかったが、アトリエの壁の色だけはこだわり、何度もやり直しをさせて、最終的に岡山の赤土を混ぜた紅殻色に落ち着いた。

アトリエには雰囲気を整えるため、高価な万暦赤絵や李朝の壺などが無造作に飾られた。

梅原は美術コレクターとしても知られていたが、購入したものは桐箱にしまっておくのではなく、日常に使った。

豪華な明の赤絵の鉢に水を張って、吸った煙草をどんどん投げ入れ、灰落としとして使っていたという。

こうした立派なアトリエを持ちながら、梅原はそこに引きこもりはしなかった。外に出て、事物や現象との接触によって生まれる感動を大切にしていた。

そのため、八十歳を過ぎても、パリ、カンヌ、ヴェネツィア、ニューヨーク、ハワイと、積極的に海外に出ては制作を行った。

女優の高峰秀子とその夫・松山善三は梅原と何度も海外旅行をともにしている。

イタリアのマジョーレ湖を訪れた時のこと。夫人の艶子が「暑い、暑い」と言って苦しそうなので、驚いた高峰が夫人を木陰で休ませた。

「艶子夫人がふうふう言いながらほどいたしょいあげの、帯の枕の代りに、新聞紙に包まれた弁当箱ほどの百ドル札が汗を吸って固まっていた。／『画商さんたちが、絵の前金だと言って、どんどんお金を持ってくるものだから、こんなにたくさん溜ってしまって……でも、これを背中にしょっているととても重いし、暑いのよ……』」（『私の梅原龍三郎』）

梅原の絵の人気は晩年になっても衰えることはなく、それどころか、ますます高くなっていった。

昭和五十九年十月、新築された有楽町アート・フォーラムで「梅原龍三郎展」が開催された。十六歳の作『三十三間堂』から九十二歳の作『皇居』にいたる八十七点の作品が並んだ。

九十六歳の梅原自身も出席した。車椅子で会場を回りながら過去八十年間の自作を見るその表情は、近年になく晴れ晴れとしていたという。

七年前に夫人は亡くなっていて、終日ベッドに横たわって過ごす毎日だった。この頃、梅原は周囲がキャンバスや絵の具を用意しても、絵筆をとろうとしなかった。

昭和六十一年一月十六日、梅原は急性肺炎のため死去した。九十七歳だった。画家として、一人の人間として、天寿を全うしたのだ。

最晩年、梅原はこう言っていたという。

「美しいものが実によく見えるようになったから、もう絵は描かなくていいんだ」

石橋正二郎

Ishibashi Shojiro

1889-1976

明治二十二（一八八九）年二月二十五日、石橋正二郎は久留米に生まれた。丁度、博多から久留米まで鉄道が開通した年であった。

子供時代は体が弱く、暴れたり、悪戯をしたりはしなかった。尋常小学校卒業時の席次は、首席だったという。

明治三十五年、久留米商業学校に入学した。石井光次郎《みつじろう》――警視庁警部、台湾総督府勤務から朝日新聞取締役、衆議院議員――は同じ年の生まれだが、正二郎が早生まれの上に一年飛び級したので、石井は二年下の後輩になっている。

卒業した後、神戸高商を志望した。

商業学校の校長が、進学を勧めてくれたのである。

しかし、両親は首をたてに振らなかった。

兄と共に、家業の仕立屋を手伝え、というのである。

仕立屋といっても、着物や背広を扱うのではない。シャツや股引、足袋などを作り、陳列して売りさばく、という商売だった。

当時、職人が七、八人。二百人、三百人の職人を抱えている同業者との競争は、苛烈だった。

兄が兵隊にとられ、店の経営は、正二郎が担うことになった。

正二郎は考えた。

多くの製品を並べるのは、効率が悪い。

一番、売れる足袋に特化することにした。

当時、足袋は九文なら二十七銭、九文三分は二十八銭五厘、九文半なら二十九銭、十文は三十銭と、小刻みに値付けされていたが、面倒なので一律二十銭にした。

二十銭という値付けは、当時の市価より二割安かった。儲けるためには、沢山売らなければならない。

均一価格にする工場を作り、百人の工員をやとった。

均一足袋は、売れに売れ、注文は、三倍、五倍と一足とびに増えていった。

大正三年、第一次世界大戦が始まると、経済恐慌が日本にも襲ってきた。

不景気になると、物が売れない。その間隙をついて、正二郎は原料を一年分、先物で手配した。大正五年に景気がもちなおすと、物価はみるみるうちに上がり、純益が三十万円に達した。

∴

大正七年、筑後川岸の洗町の工場の操業が始まり、足袋の日産二万足を達成した。

これを機に、資本金百万円の日本足袋株式会社を発足させた。

大正十二年日本足袋会社は、アサヒ地下足袋を発売した。

足袋にゴム底を縫いつけた履物は、阪神地方などですでに用いられていたが、地下足袋はゴム底をはり付けた上に、すべり止めの溝を刻んだ、耐久性のあるまったく新しい履物だったのである。

同年九月一日の関東大震災後は、東京の復興作業のために地下足袋の需要が伸び、日産約千足から、日産一万足に増大した。

地下足袋の普及は、第一次世界大戦の恩恵も受けていた。

この大戦における日本の活動は限定されたもので、青島の攻略が唯一の作戦らしい作戦だったが、青島に収容されていた捕虜のなかに、ヒルシュベルゲルという化学技師がいた。

この技師を解放してもらい、久留米でゴム製造の技術顧問として働いてもらったのだ。ヒルシュベルゲルは、久留米が気に入り、停戦後もしばらく日本足袋で働いたという。

∴

正二郎は、自身についてこう語っている。

「それまでに外地と合わせ二万人以上の従業員を使った。なんらの失敗がなく自然と伸びていくので、他人からつくりごとのようだといわれるくらいだった。もともと大ざっぱな私のこと、すべて楽観してやるので、人が止めても何しても独走してしまう。たまたまこの独走がモノをいった形だ」(『私の履歴書』)

地下足袋からゴム靴になり、ゴム靴でも十分に儲けた。

全国各地の同業者からは、もう工場を拡張しないでくれ、という苦情とも悲鳴ともつかない声が上がったという。

「いつまでも、日本のような狭いところで張り合うことはない、海外に向けて発展しよう」と、正二郎は思い立った。

目をつけたのはタイヤだった。当時、日本国内にあった自動車は、三万台から四万台くらいだった。アメリカでの需要の伸びを見ていると、百万台になるのは時間の問題だと思われた。アメリカのタイヤメーカーには、日産五万本、六万本の生産力をもっている会社がいくらもあるという。

九州大学の先生に、百万円を預けて、ゴムタイヤの製造方法を研究してもらった。

タイヤを製造する機械を商社に注文したが、タイヤのマークをどうするか、という問題が提起された。

「アサヒ足袋」を踏襲して、「アサヒタイヤ」にしよう、という意見もあったが、日本の製品は粗悪だというイメージがあるので、外国語にした方がいいということになった。

だったら石橋をもじって、ストンブリッジはどうか……。

しかし、ストンブリッジは、なんだか語感がよくない。

ひっくり返して「ブリヂストン」は、どうだろう……。

英語でキーストンは、橋の要石のことで、尊重される言葉だという。その形をマークとして、ブリヂストンタイヤは発売された。

ブリヂストンの業績は、四、五年は停滞したが、三井物産が輸出に協力してくれるようになってから、だんだん好転していった。

その後、軍需が盛んになり、支那事変が拡大すると、軍はブリヂストンを全面的に利用した。

ブリヂストンが、いちじるしい成長を見せるようになると、グッドイヤーと並ぶタイヤの大メーカーであるファイアストンから、商標侵害の訴訟を起こされた。

当時、外務省で通商局長の任にあった来栖三郎が心配し力になってくれたこともあって、結局、日本の裁判では勝訴になった。

昭和十二年には、昭和飛行機に関係した。

同郷の伊藤久米三という工学博士に頼まれてのことだった。伊藤は三菱の技師だったが、航空機会社を設立しようとしていた。輸送機の製作は、今後の日本において、最も有望な産業だと伊藤は考えていた。

ところがアメリカから輸入した工作機械の代金、六十数万円が支払えなくなった。伊藤は、三井鉱山の牧田環《たまき》に泣きついて、何とか会社が設立された。

アメリカのダグラスＤＣ‐３の国産化に成功し、量産ができるようになった頃に太平洋戦争が勃発。ＤＣ‐３が海軍に輸送機として採用された。それにともない、飛行機のタイヤの需要も増加の一途を辿った。

戦争が酣《たけなわ》になると、三井から昭和飛行機を傘下に置きたいと相談を受けた。

三菱は軍需生産に協力的だが、三井は手を拱《こまね》いているばかりではないか、と軍ににらまれたのだ。

石橋からすれば、ようやく軌道にのってきた事業を横取りされたようなものだ。

∴

石橋と鳩山一郎が親しくなったのは、相撲見物がきっかけだった。

藤山雷太――三井銀行、芝浦製作所、王子製紙、大日本製糖の社長――の下で働いている小倉敬止という久留米出身の老人が二人を相撲に招いたのである。

昭和十六年前後、軍部の台頭はすさまじく、支那事変から英米との開戦へと至る厳しい時期であった。

鳩山は、いかに情勢が緊迫しているか、を石橋に説いた。

きわめて深刻な話なので、互いの家を往き来するようになった。

そのうち、鳩山が、給仕に出てくる娘、安子に気がつき、息子の嫁にくれないか、と持ちかけた。

石橋は驚き、妻の昌子も言下に否定した。

「片方は政治家で学者だが、私は商売人。思想も違うし、娘がかわいそうだからとお断りした。鳩山さんの長男の威一郎君はそのころ軍艦に乗っていたのでいつ戦死するか分らない。『縁談してから後家になったら困る。本人が希望すればいいけれども、遠くに行っているのだし、親だけが希望しても本人がきらいになったら、かわいそうだから』といったところ鳩山さんは『そんなことはない。自分たちが責任をもってやるから』という。『あなたは民主主義の方なのに、子供の意思を無視して縁談を決めるなどはむりだ』と逆襲したが、どうしてもきかない」

（同前）

石橋は、軽井沢の別荘で休暇中の威一郎と会ってその人物を認め、縁談はまとまった。

かくして、財界を代表する石橋家と、政界を牛耳る鳩山家という、日本最強の閨閥が誕生したのである。

∴

長い戦争が終った。

石橋が従業員を募集すると、様々な人たちが集まった。その中には、共産党員も含まれていた。

彼らは、石橋は戦争協力者であり、戦争利得者だと非難した。

共産党が指導した組合は、賃金を二倍にすること、一切の人事異動について、組合の承認を得ること、という二つの要求を掲げた。

石橋は、賃金の二倍増は受け容れ、人事権は拒否した。

組合代表が再三訪れたけれど、相手にしなかった。

とうとう、従業員がストライキを始めた。

しかし、ストをすれば、商品が出来ないので、賃金は支払われない。半月ぐらいすると、組合員たちは靴磨きや行商をして哀れを装い、「社長を葬れ」と書いたビラを撒いたが、石橋は主張を曲げなかった。

結局、組合は折れて、二倍の賃金を受け容れた。

石橋がアメリカを訪れた際、住宅を美術館にしているコレクターが何人もいた。

「私も少しコレクションを持っているのだし、場所もいいから(美術館を)一つ記念につくろうと思い立った。(中略)ただ絵について特別に勉強した経験もなく、口の悪い批評家のこと、つまらぬものを集めたと笑われはしないかビクビクした。そこで美術館を開くに値いするかどうかこの道の大家にみてもらったら非常にいい趣味だとほめてくれ、とてもうれしかった。武者小路実篤さんなどは『これは好きで自分が集めた絵だね』というふうに直感されたくらいだ。ルーブルの人たちからも『少しも疑わしいものはない。みんな粒ぞろいだ』とおほめの言葉をいただいている」(同前)

石橋は勝負ごとを嫌い、仲間と騒ぐのも苦手、絵は好きだけれど自分では描かず、本も読まない。ほとんど無趣味という人物だ。

当時、美術品といえば書画骨董がスタンダードだったが、石橋は日本画が苦手だった。一方洋画は「理屈なしに好き」だったという。

コレクターとしての石橋の眼力、審美眼は図抜けたものだというべきだろう。

クロード・モネ、ポール・セザンヌ、オーギュスト・ルノワール、ポール・ゴーギャン、ファン・ゴッホら印象派の巨匠から、パブロ・ピカソ、アンリ・マティス、ジョルジュ・ルオー、そして藤田嗣治《つぐはる》や岡鹿之助、佐伯祐三といった日本人の画家たちの、層の厚いコレクションは、圧巻としか言い様がない。

さらに素晴らしいのは、ブリヂストン美術館(現アーティゾン美術館)を、東京の一等地に建てたということだろう。

ボリュームのある、粒揃いのコレクションを集めている美術館は、東京にはいくつもあるが、鑑賞者の利便も含めて、気軽に、時間を気にせず、鑑賞できる空間を提供することは、なかなかできることではない。

絵だけでなく、生活も、もっぱら洋式で、三十歳を過ぎてからはすべて家も洋式にし、畳を排除して子供たちもベッドで育ったという。

∴

昭和二十六年、石橋は、富士精密を買収した。

その経緯はやや入りくんでいる。

絵画の関係でつきあっていた鈴木という人の婿が、戦時中、飛行機の技師をしていて、戦後は仲間を集めて電気自動車を製造していた。

当時、タイヤの配給は統制されていたので、新興メーカーには、なかなか割り当てがなかった。

そこで石橋に頼んで、タイヤの入手について便宜を図ってもらおうとした。

石橋がタイヤを融通してやると、月産三十台から、どんどん生産量は増えていった。

そのうちに、電気自動車ではいけない、やはりガソリン車にしようということになった。

そうなると、どうしてもエンジンが必要になる。

富士精密――旧中島飛行機――に相談すると、エンジンを提供してもいいと言う。富士精密は大戦中、飛行機のエンジンで苦労しているので、小型自動車の発動機などは、造作もなかったのである。

しかし、会社の内情を調べると、なんとか息をついている、というような有様だった。ほぼ全株を保有している日本興業銀行が、石橋に株を譲渡した。

富士精密は技術もあるし、熟練工も揃っている。ただ経営、特に営業が下手だった。軍需が中心だったために、経営努力などは不要だったからである。

営業を強化するため、富士精密の販売会社として、プリンス自動車が発足した。

プリンス自動車は、その先進的技術により、画期的な製品を生み出し、特にレースでの活躍は目覚ましいものだったが、結局、日産自動車に吸収合併されてしまった。

∴

昭和二十八年、石橋は、妻昌子と共に、百日ほどヨーロッパを廻った。

帰国して軽井沢で静養していると、石橋湛山、河野一郎、三木武吉《ぶきち》といった、政界の面々が訪れて、鳩山一郎の復党につき、石橋の尽力を申しいれた。

三木武吉は、四時間もかけてかき口説き、結局、鳩山は、石橋の懇請によって、政界に復帰した。

石橋正二郎について、孫の鳩山邦夫は、かく語っている。

「孫を猫っかわいがりするタイプではないし、冗談を言うタイプでもない。威厳はあるが、威張っちゃいない。オーラがあるから簡単には近づけなかったけど、優しいおじいさんでした。祖父は非常に家族思いなんです。中学に入った頃の話だけど、当時ブリヂストンは伸び盛りで、非課税の範囲で十五人の孫に株を渡しつづけたんです。それがいまの私の原資になっている」

（『されど彼らが人生　新忘れられた日本人Ⅲ』佐野眞一）

十五人の孫に株を譲渡し続けることの是非は問わない。それだけの資産を築いた成功者が、子孫に対して、残せる物を残したいと考えるのは、むしろ当然だ。

しかし、その延長に、鳩山（石橋）安子による、息子・由紀夫への毎月千五百万円の手当があるのなら、それは酷く、空しい、光景ではないだろうか。

長尾よね

Nagao Yone

1889-1967

長尾よねは合資会社『栄養と育児の会』の設立者であり、栄養剤「わかもと」を販売した人物である。

事業家としてのよねは、おそろしい程、敏腕であった。女性の実業家がほとんどいない時代に、自らの創見と機転によって、とてつもない財産を築いたのである。

今日、女性の起業家はあまた存在しているけれど、残念ながら、まだ、長尾よねを凌ぐ者は現れていないように思われる。

よねは、それほど破天荒な人物であったし、その器量の大きさ、深さは、一般的、世俗的な物差しでは、到底、計れないものだ。

よねを巡る、桁の外れたエピソードは、枚挙に暇がない。

たとえば、近衛文麿の一件。

昭和二十年十二月六日、ＧＨＱは、近衛文麿、木戸幸一といった天皇の側近に対して逮捕令を発した。

当時、軽井沢に逗留していた近衛は、東京に向ったが、その目的地は、自宅である荻《てき》外《がい》荘ではなかった。

近衛は、深沢の宜《ぎ》雨《う》荘——よねの夫、長尾欽《きん》彌《や》の本宅——に、赴いたのである。

十五日まで近衛は長尾邸で過ごし、彼の妾も呼ばれた。「山本さん」と呼ばれる元芸者のその女性は凄まじい美女で、よねの世話で芸者を退き、近衛の妾になった。

なかなか宜雨荘を離れようとしない近衛を見て、よねは近衛がここで自殺をしようとしているのだと悟った。

「お殿様、それはいけませんよ。そういう大事は、御本宅でなさらないと……」

にべもない調子で、よねは言った。

近衛はしつこかった。

ここで死ねないのであれば、青酸カリを手配してほしいというのだ。

開戦以来、よねは身辺に毒薬を備えていた。万一敗戦した時に、女としての筋を通し自害するためである。

根負けしたよねは、近衛に青酸カリを渡した。

近衛はその青酸カリを飲んで、自宅で自殺した。

∴

よねは、自らの素性を、はっきりと語ったことはなかった。

一般に流布しているのは、田中光顕《みつあき》伯爵が、髪結いに産ませた児だという説である。

田中は、元土佐藩士。武市半平太《たけちはんぺいた》に師事し、土佐勤王党の一員として王事に奔走した。

維新後、兵庫県権判事、大蔵少丞を歴任、西南戦争では征討軍団会計部長として活躍した。

少将から予備役に編入された後、警視総監、学習院院長、宮内大臣を歴任し、宮中で並ぶ者のない勢力を把持し、明治天皇の絶大な信頼を得た人物である。

明治四十年、伯爵になったが、西本願寺武庫離宮買い上げをめぐる収賄事件で引退を余儀なくされた。

よねは、字が上手く、女学校には行ったことが窺えた。

堀川女子専門学校に通っていたという説もあるらしいが、確証はない。

生まれは浅草だが、京都に移り、十九歳の時、母をそそのかして祇園でお茶屋を始めた。

ところが、気に入った客の伝票は、破って捨てる——つまり、ただ酒を振る舞ってしまう——という有様で、到底、商売にはならなかったという。

この辺り、後年の金銭感覚の外れ方を彷彿とさせるところだ。

よねは、九歳上の東大工学部卒の川田亦治郎という技師と、東京に駆け落ちした。大正八年、三十一歳でよねは、川田との間に男子を産んだ。清実と、なづけた。

夫は、家にいないことが多かった。国内各地の鉄道建設に携わるようになり奥多摩の鉄橋、出雲の鉄道、常磐線の支線工事に逐《お》われていたのである。

そうして、ようやく家に帰ると、家には浪人、俠客の類いがとぐろを巻いている。そういった人々をよねは好んだ。

そのうちに、よねは、長尾欽彌という男に惚れた。

長尾はよねより三歳年下で、「ベーリン」という化粧品で、大ヒットを飛ばした男だった。

よねは、川田、長尾とともに田園調布の貸し家に移り住んだ。

川田は行儀のよい紳士だったが、明治育ちらしい強引さがあり、とてつもなく好色だった。

長尾は、人前では自らを消していたが、何があっても驚かないという図太さをもっていて、やはり好色であった。

三人は、ほぼ一年間、この変則的な生活を続けた。

事業欲旺盛な土木技師と、宣伝の巧みな一発屋との生活のなかで、よねは、一つのアイデアを得た。

ドイツではビールの絞り滓によって胃腸障害をなおしている、という新聞記事を読み、ただ同然の絞り滓で、胃腸薬を作ることができれば、必ず大当たりになると考えたのである。

当時、母親たちが最も脅威に感じていたのは、子供の胃腸トラブルであった。

日本の幼児死亡率は、当時、未開国家同様のありさまで、母親たちは、その健康状態について、悲観しながら、何とか丈夫に生きてほしいと祈るしかなかった。

大正時代の統計によれば、平均寿命は四十三歳。乳幼児死亡率の高さが、平均寿命を押し下げていたのだ。

私鉄専門の工事差配人だった川田亦治郎は、五十歳を過ぎて、薬品の研究に取り組みだした。「ベーリン」で、一山当てた経験のある長尾欽彌は、東大農学部の澤村真に食い込み、酵母の実用化に向けて走りだした。

そうして、ようやく製品化に目処がついた。

効能には、それなりに自信があった。

けれど、売薬の死命を決するのは、シンボルマークと、ネーミングである。

一年かけて、シンボルと名前を熟考した。

ある時、欽彌が西洋の映画を観にいった。

それはスポーツ大会のフィルムで、筋骨たくましい選手が砲丸を投げる場面があった。「これだ」と思いついて、シンボルマークにした。

砲丸投げの写真を入手した後、その画像の前で額をくっつけながら、さまざまな呼称を検討していった。

そして、最後に残ったのが「若素《わかもと》」だったのである。

昭和四年四月、「わかもと」が発売された。

よねのやり方はあざとかった。

発売元を『栄養と育児の会』としたのである。

企業ではなく、乳幼児と母親のための非営利組織のような印象を抱いた者もいたかもしれない。

一壜当り三百錠で、一円六十銭。

芝大門の寺の庫裏に事務所を置き、女工を雇って、錠剤詰めや箱入れを行った。

ある程度数がまとまると、欽彌は風呂敷に包んで、御徒町の薬問屋に売りにいく。二人の夫と一人の妻の目論見は見事に当たった。

化粧品を活計としてきた欽彌は、宣伝に金をかけることの大事さを認識しており、当時、発行部数が最も大きかった『婦人倶楽部』に六頁にわたる広告をうった。

初めの三頁は、澤村博士による、「わかもと」の効能の、懇切な解説で、次に、三人の医学士が、「わかもと」の多様な効能を説き、結核やチフス、ニキビ、神経衰弱にもよい、と宣伝した。

さらに芝の工場の探訪記事も掲載されていて、多数の女性が包装にいそしんでいる姿、全国から寄せられた感謝状の山、などの写真が掲載された。

このような、写真、手紙、効能の説明という立体的な構成をもった広告は、それまで存在しなかった。

酵母の利用、製品化もさることながら、このように大々的なキャンペーンは、少なくとも、薬品業界では、前代未聞の出来事だったのである。

欽彌は女工を励まし、川田亦治郎は紙幣を数え、よねは宣伝に邁進した。

この年、川田は、よねと協議離婚をした。

離婚はしたものの、よねの立場も、川田の仕事も、まったく変わることはなかった。

昭和五年、よねは深沢に邸を建てた。

かつては、陸軍の将官クラスの邸宅が立ち並んでいたという土地だ。

「わかもと」の凄まじいまでの売れ方を、彷彿とさせるエピソードである。

数寄屋大工の大江新太郎を京都から呼び、岩城亘太郎《せんたろう》に造園を任せた。

岩城が手がけた長尾邸は、岩波書店『日本の庭園』（昭和三十年刊）に六枚の写真が掲載されている。

∴

昭和四年、ニューヨークで株式が暴落した。日本経済も、大恐慌をまぬがれることはできなかった。

さらに翌々年、東北はかつてない冷害におそわれた。

けれど、『若素』の経営は、いよいよ順調だった。

社会の動揺が激しくなったため、健康だけは維持しようという気運が出てきたのである。

この時期、自社で広告を作っていたのは、寿屋（現サントリー）などわずかだった。

昭和七年、よねは、寿屋の宣伝企画をしていた土屋健を『若素』に招聘した。

土屋は、富士山から飛ばしたグライダーが、どこまで飛び続けられるか、という奇抜な懸賞で話題を呼んだ。

全国の小学校に教育用の地図を配り、その後、映画班を派遣して、その様子を撮影し、ニュース映画館で上映させた。

『若素』の隆盛につれて、よねの浪費は、すさまじくなった。

十八カラットのダイヤを帯止めに仕立てたが、すぐに飽きて、一顧だにしなくなった。

やがてよねは、美術に開眼した。

南北朝の最高の逸品とされた短刀を入手したが、後に国宝に指定されている。

昭和八年六月、よねは、日本陶磁の最高峰とされる野々村仁清《にんせい》の色絵藤花文茶壺を入手した。

よねは、出入りの古物商に、「やらずでとれ」と指示した。天井なしで獲得しろ、という意味である。

仁清の壺は、国宝に指定され、現在はＭＯＡ美術館に収蔵されている。

仁清の壺だけではなく、よねが購入した作品は、すべて高い水準のものばかりであった。

よねは、相撲が好きだった。

昭和七年、相撲協会は、天龍、大ノ里らの、相撲改革運動により、分裂に追い込まれた。力士の頭数が揃わず、十両を幕内にしてしまうような糊塗が行われ、大相撲の権威は地に落ちた。

よねは、窮乏した相撲協会に一万円を寄付した。今の価値でいうと二千万円だ。祝儀をもらい慣れた役員たちも、さすがに驚いた。

場所中、毎日、中入りから、よねは桟敷で観戦した。時に、行司の裁きに不審を抱くと、大声で叱った。

贔屓の力士には、化粧廻しをいくつも送った。

四股名を染めた浴衣を百反も作らせた。

よねは、北大路魯山人の才能――人品はともかく――を買っていた。

当時、魯山人は、本拠地だった星岡茶寮から放逐されて、困窮をきわめていた。

何とかしてやらなければ……。

金を渡すのは、造作もないことだが、それでは智恵がない。これほどの才能をもっている人間には、もっとふさわしい扱いがあってしかるべきだ。

よねの発想は、奇抜だった。

「わかもと奥さま券」という販促キャンペーンを考えだしたのである。

「わかもと」の販売店に対して、売り上げに応じて、銀座『ちた和』の着物や帯とともに「陶芸界の巨匠」北大路魯山人先生の徳利や鉢を差し上げるというのである。

当時、魯山人が自ら運営していた『魯山人鉢の会』で、鉢一点の価格が十五円だったという。それほどの逸品を無料でもらえるとなれば、はりきって売るのも、当然のことである。

昭和の陶芸家といって、一番に名前が挙がるのは、やはり魯山人であろう。それは、彼の技芸が優れているのはもちろんだが、それ以上に彼が多作であったためだ。多くの逸品があれば、自然とその評価は上がらざるを得ない。

これは、パブロ・ピカソと同様の現象だろう。ピカソはたしかに天才であるが、それ以上に並はずれて多作家だった。多作である故に人口に膾炙し、また人目にも触れたのである。

∴

昭和二十年八月十五日、戦争は終わった。

若素本社は被災し、丸ビルに一時、事務所を構え、ついで木挽《こびき》町に移った。砧《きぬた》の工場は焼け残ったが、共産党に指導された労働組合に牛耳られていた。

巨額の財産税が課せられた。

よねと欽彌の手に残ったのは、深沢の本邸と近江の別荘、本阿弥光悦が住んだという京都の鷹ヶ峰、南禅寺の別荘と、長尾美術館のコレクションだけだった。

しかし、よねは生活を変えなかった。

相撲熱は冷めず、若乃花を贔屓にした。

豪華な廻しを幾つも贈った。
「勝った時には、誰でも褒めてくれますが、負けた時、ああいい相撲をとったと褒めて下さるのは、長尾の奥さんだけでした」と、若乃花は語ったという。（「女傑——若木を育くむ長尾米子——」白洲正子、『小説新潮』昭和三十四年二月号）
人気絶頂の力道山も、深沢に現れたという。

∴

昭和二十六年、欽彌は、株式会社ナガ製薬を設立し、駆虫剤「アスキス」を製造、販売した。

敗戦後の不衛生な環境で、蛔虫など寄生虫が蔓延していることに目をつけたのである。

駆虫剤は、よく売れた。しかし、衛生環境が向上すると、売り上げは落ちていった。

昭和二十七年十月、ナガ製薬の工場が爆発事故を起こした。薬剤を製造中、揮発性の薬剤に引火したのである。怪我人が出た。

翌年、ナガ製薬は倒産した。

それでも、欽彌は事業を諦めなかった。

銀座八丁目に事務所を構えて、新しい薬剤を売り出そうと、虎視眈々と機会を窺っていた。

大豆蛋白の栄養効果に目をつけて、「ミートン」という薬剤を売りだした。

しかし、「ミートン」は、売れなかった。
大豆蛋白は、欽彌が失敗した後、十数年してから、薬学で注目を集め、いまや隆盛を誇っている。

∴

よねの収集品は、駿河台の荻原という骨董商の手で、次々と売られていった。
長沢蘆雪の『月夜山水図』は頴川《えがわ》美術館に。
高然暉《こうねんき》の『双幅図』は、東京国立博物館へ。
『赤絵《あかえ》金襴手《きんらんで》瓢形瓶《ひょうけいへい》』は、安宅コレクションに収まった。
晩年、よねは、糖尿病を患い、都心のホテルを転々としていた。
結局、ホテル暮らしは、肌にあわず、鎌倉山の別荘にもどった。
昭和四十二年二月八日午後九時、よねは死んだ。
その日、最も気のあった友達である『桑名』の女将が、見舞いにきてくれた。
「久しぶりにビール呑もうか」とよねは言って、女将とコップを合わせて一口呑んだ。
「うまい」と、言って倒れた。
七十九歳だった。

チャールズ・チャップリン

Charles Spencer Chaplin

1889-1977

私が初めて見た、チャップリンの作品は、『独裁者』である。

一九七三年のことで、当時私は中学生だった。

実に楽しかった。

小林信彦さんが、マルクス兄弟を、本格的に紹介し始めた時期だったから――上映はかなり後からだけれど――アメリカの喜劇には、特段の興味を抱いていたが、これほどの作品とは、思いもよらなかった。

併映されたのは、コスタ・ガブラス監督の『戒厳令』で、イヴ・モンタンが左翼勢力の弾圧を指導するアメリカ人役で出ていた。イヴ・モンタンは、おそらく、当時のフランス、というかヨーロッパで、最も高名なコミュニストだったと思う。

おそらく、劇場側としては、強い政治性を帯びた作品を、二本かけるという目論見だったのだろう。

∴

チャールズ・スペンサー・チャップリンは、一八八九年四月十六日ロンドンの最下等とされる貧民街、ウォルワースのイースト・レーンで生まれた。

しかし、彼が生まれた時、一家はある程度裕福だったという。

父は、一八八〇年代の英国のミュージック・ホールでは名の知れた歌手だった。

音楽だけでなく、時に、役者として舞台に立ったというから、かなりの才人だったのだろう。

母親も旅まわりの芸人で、『ミカド』で一世を風靡した、ギルバート＝サリヴァンのオペラを演じる一座の主役を務めた。

ところが幼いチャーリーは、早々に不幸を体験するはめになった。

父親が、急死したのである。

父は、アルコール依存症を長いこと患っていた。

幼いチャーリーは、夜中まで聖トマス病院の外に立ち、父の回復を祈ったが、その祈りはかなえられなかった。

子供たちは、ロンドン郊外から約二十キロのハンウェル孤児院に、収容された。

母の懐具合がよくなると、孤児院から出て、チャーリーと兄のシドニー、そして母の三人で暮らした。

この時期を、チャップリンは、ピカソの「青の時代」に擬《なぞら》えて「灰色の時代」と、名づけている。

母、ハンナはロンドンからさほど遠くないオルダーショットの、兵隊が主な客である劇場に出演することになった。

けれども、貧乏暮らしのなかで、ろくに食事もしていなかったため、声が出なかった。

兵隊たちは、ハンナをからかい、野次り、罵った。

ハンナは、立ち往生し、退場を余儀なくされた。

舞台監督は、チャーリーを呼んだ。

以前、舞台で芝居の真似事をしていたのを覚えていたのである。

チャーリーは、監督に手を引かれて舞台中央に導かれ、一人置き去りにされた。

フットライトが点灯し、チャーリーの姿を照らしだす。

チャーリーが歌いだすと、兵隊たちは静かになり、そして拍手が響いた。

しばらく歌った後、チャーリーは、お金を投げた兵隊たちに言った。

「お金を拾ってから、歌ってもいいですか」

その可憐さに、兵隊たちは、うちのめされたという。

∴

チャップリンは、十五歳になるかならないかで、既にいっぱしの芸人になっていた。特に、『シャーロック・ホームズ』では、いつもビリー少年役を演じていた。

さらにミュージック・ホールの常連として活躍していた。

コメディを演じ、唄に興じ、パントマイムや、ドタバタも達者にこなしてみせた。

暇があると、ロンドン市街を歩きまわり、通行する人々の顔かたち、歩き方、喜怒哀楽を綿密に観察して、芸に活かした。

そうして、彼に運命としかいい様のない出来事が起こった。

フレッド・カーノの知遇を得たのである。

カーノは、二十世紀初期演劇界の大立者だった。

軽業師からキャリアを始めたカーノは、ロンドンに『滑稽工場』を設立し、軽業や物真似、手品などを次から次に繰り出し、ロンドンを爆笑の渦に引きずりこんだのである。

その一座に、チャップリン兄弟は参加したのだ。

一九一三年十二月、チャーリー・チャップリンは、マック・セネットからロサンゼルスに招かれた。後に喜劇映画の製作者として活躍するセネットは以前から、チャップリンに御執心だった。ニューヨークで、二度ほどチャップリンの舞台を見て、完全に魅了されていたのだ。当時、セネットは、アメリカ映画の始祖である、D・W・グリフィスの現場で働いていた。

邂逅は不思議なものだった。

「セネットさんは、わたしがあまりにも若いのに、すっかりびっくりしたらしかった。『もっとずっと年寄りだとばかり思ってたんだが』と言ったが、そのときほんのかすかではあるが、彼の顔にチラと不安の影がさしたのを、わたしは見のがさなかった。（中略）とりあえず、『なに、老役《ふけやく》つくりなら、どんなにでもできますから』と答えておいた」（『チャップリン自伝』中野好夫訳）

セネットは、初めのうちは、さほどチャップリンを買うそぶりを見せなかったという。

チャップリンは、一つの芸を身につけるのにも、かなり時間がかかり、けして呑み込みのよい役者でなかった。

どんな衣装が、あるいは動きが、自分に合うのか、辛抱強く、試行錯誤を繰り返していたのである。

やがて、チャップリンは「自分」を造型することに成功した。

きっかけは、セネットの言葉だったという。

何でもいいから、コメディアンらしい扮装をして来いと言われ、チャップリンは、途方に暮れた。

仕方なく衣装部屋に入っていったが、よい智恵はでない。かわるがわる衣装を身につけては、脱いだりしている間に、一つのイメージが湧いた。

ダブダブのズボンに、窮屈なチョッキと擦り切れた帽子、ドタ靴そして口髭。

誰もが知るチャップリンスタイルである。

∴

一九三二年、チャップリンは来日した。

きっかけはチャップリンの運転手の高野虎市だった。高野はチャップリンの身の回りのことは何でも受けもち、信頼を得た。高野の故郷を見たいとチャップリンが言い出し、来日が実現した。

当時、日本経済は破綻の危機に瀕しており、失業者は四十万人を突破していた。

大恐慌のため、繭価が大幅に下落し、それにつれて米価も下落していた。社会不安は、頂点に達し、前大蔵大臣井上準之助と、三井合名理事長の團琢磨が暗殺された。

そうした物騒きわまりない状況の中、チャップリンが東京を訪れたのである。

犬養健《たける》が、接遇を買ってでた。

当時、総理大臣だった犬養毅の息子である。東京帝大の文科で学んだ後、「愚かな父」、「姉弟と新聞配達」、「南京六月祭」といった小説を発表したが、作家としての業績はないに等しい。

五月十五日はチャップリンの歓迎パーティが首相官邸で開かれることになっていた。

しかし、チャップリンは疲労を理由にパーティをキャンセル。

そこへ犬養健が訪れた。

「大相撲を御覧になりませんか」

相撲に興味を持っていたチャップリンは国技館に出かけた。

ちょうどその頃官邸には、三上卓ら、青年将校が乗りこんできて、犬養首相が暗殺された。

五・一五事件である。

チャップリンはすんでのところで暗殺から逃れた。

∴

チャップリンは、四度結婚している。

一九一七年の夏、十五歳の女優、ミルドレッド・ハリスを一目で気に入った。ミルドレッドは、輝くばかりの金髪で、顔立ちも愛くるしく、濡れた瞳を持っていた。彼女はグリフィス監督の『イントレランス』にハーレムの少女役で出演していた。

ハリウッドきっての高給取りが、年端もいかない、小娘に夢中になったのだ。

チャップリンは、毎日、ミルドレッドに花束を贈り、レストランに連れていった。

何時間もの間、ミルドレッドの出演が終わるのを、リンカーンの後部座席で待っていたという。

けれど、彼女が持っていたのは、美貌だけだった。

二人は一九一八年に結婚し、男の子が生まれたが、生後数日で死亡。初めのうちこそ仲のよかった二人の間にはすぐに溝ができ、二年で離婚した。

そして、チャップリンは、一九二四年に二度目の結婚をした。

相手のリタ・グレイは十六歳。

彼女は、チャップリンの『キッド』に出演した女優だった。

しかし、リタの母であるマクマレー夫人が家に入り込み、静かだった邸宅の生活はめちゃくちゃになった。

チャップリンは、この事態を放置するわけがなかった。

「出ていけ!」

リタは、二人の子供を連れて出ていった。

彼女はすぐさま、離婚訴訟を起こした。

リタの誹謗中傷はすさまじいものだったが、結局は和解に応じた。

チャップリンは当時のアメリカで史上最高額となる百万ドルの慰謝料を支払った。

リタは、極めて執拗だった。

チャップリンとの性生活を、四十年にわたって、語り続けたのである。

反チャップリンを標榜する、右派メディアやマッカーシーの朋輩たちは、鬼の首をとったように、大騒ぎをした。

一九三六年、チャップリンは、豪勢なヨットの上で、ポーレット・ゴダードと秘密裏に結婚した。しかし、正式な結婚ではなく、事実婚とされている。

チャップリンは四十六歳。ゴダードは二十五歳。

性懲りもなく、若い女優を伴侶にしたのである。

ポーレットと過ごした時間――『モダン・タイムス』から『独裁者』まで――は、喜劇王の彼のピークだった。

ゴダードはチャップリンの映画に出演し、公私ともにパートナーとなり、一緒に日本に行くなど仲むつまじかったが、一九四二年に二人は別れた。

その年、チャップリンはアメリカの劇作家でノーベル賞作家のユージン・オニールの一人娘であるウーナ・オニールと知り合った。

ウーナは十八歳。

十八歳であれば、伴侶にしてもおかしくない年齢だが、チャップリンがロリータ・コンプレックスであったことは間違いない。

チャップリンの側近で、友人でもあったカメラマンのローランド・トザローは、チャップリンが、若い娘たちを好んで相手にしたのは、チャップリン自身が、自らの性的能力について不安だったからだ、と語っている。

ウーナは父親の反対を押しきり、一九四三年にチャップリンと結婚。この結婚は長続きし、ウーナはチャップリンが亡くなるまで彼を支え続けた。

∴

一九五二年九月十七日、チャップリンとその親族、スタッフは、クィーン・エリザベス号に乗船し、イギリスに渡った。

翌々日、トルーマン大統領は、法務長官を通し、イギリス人であるチャップリンの再入国は、保証できないという声明をだした。

いわゆる赤狩りの時期で、かつて観衆を魅了してきたヒューマンな作品が、左翼的であり、アメリカ精神に反するものだと、断罪されたのである。

イギリスで制作された『ニューヨークの王様』は、マッカーシズムを直接の標的にしたものだった。

チャップリン扮する、架空の国家エストロヴィアの国王シャードフは、民衆の蜂起に際して大金庫から、ありとあらゆる財宝を持ち出したが、結局、腹心だった総理大臣に、奪われてしまう。

側近は、総理大臣を訴えるよう、国王に忠告するが、王は「貧乏王族よりも、腕のいい泥棒と思われている方がいい」と、返答する。

チャップリン扮する国王は、巨大なマスメディアの軽薄さと、仕組まれた世論形成の真相を赤裸々に描きだしている。

彼の批判精神は、その生涯を通じて生き続けたのだ。

ヨーロッパで温かく迎えられたチャップリンだったが、全財産はアメリカに残されたままだった。

チャップリンは妻であるウーナ・オニールをロサンゼルスに送って、全財産の回収に成功し、安定した老後を手に入れることができたのである。

一九七一年には、カンヌ映画祭で、チャップリンの全作品に対する特別賞が贈られると共に、レジオン・ドヌール勲章の上級勲爵士の称号が授けられた。

そしてアメリカも、遅ればせながら、チャップリンに敬意を表した。

彼をアメリカから追い払った法令は、すでに忘却されており、当然受けるべき栄誉を受けた。

一九七二年四月二日、チャップリンは、ニューヨークを訪れた。

チャップリンは、機嫌よく投げキスをしながら、飛行機のタラップを降りていった。

リムジンでプラザ・ホテルにむかった一行は、アメリカきっての大富豪、グロリア・ヴァンダービルト主催の歓迎パーティに臨んだ。

一九七五年三月。

チャップリンは、エリザベス女王からナイトの称号を贈られた。自分の足で歩いていきたい、と思ったが、結局、車椅子で運んでもらうことになった。

この頃、天気のよい日には、チャップリンは、ウーナと手をつないだまま、ほとんど言葉も交わさず、何時間も坐っていたという。

一九七七年十月十五日。

チャップリンは子供たちを連れて、サーカスを見にいったが、それが最後の散歩になった。

一九七七年のクリスマスの朝、チャップリンは睡眠中に、脳卒中のため事切れた。八十八歳だった。

葬儀は十二月二十七日十一時から、ヴヴェイの墓地で執り行われた。

本人の希望通り、家族だけの質素な葬儀が営まれた。

しかし、さすがの喜劇王は最後まで見せ場を残していた。

葬儀の二ヵ月後、事件は起きた。

墓地の管理人が、チャップリンの墓があばかれているのを、発見したのである。

世界中のマスコミは、このミステリーを解こうとした。

ネオナチによる『独裁者』への報復か、あるいは熱狂的なファンの仕業か？

数日してコハットと名のる人物が、チャップリンの遺体と引き替えに、六十万スイスフランを要求してきた。

犯人はすぐに判明した。

二十四歳のポーランド人、ロマン・ヴァルダスと、三十八歳のブルガリア人、ガンチョ・ガネフであった。

二人は、イタリア人実業家のサルヴァトーレ・マタレッサの遺体盗難のニュースを知り、チャップリンの遺体を盗もうと画策したのである。二人は身代金で、自動車修理工場を始める目論見だったという。

ウーナは、遺体泥棒との取引は、一切しないと決めていた。

犯人たちは二十七回、電話をかけてきた。

初めは慎重だったが、何度もかけるたびに、横着になってゆき、ついに逮捕された。

この「喜劇」を、チャップリンはお気に召しただろうか。

遠山元一

Toyama Genichi

1890-1972

日興證券の初代社長、遠山元一は、その著書『兜町から』で、「だまされる幸福」という随筆を書いている。

「倫理や道徳の基準はいかなることがあつても曲げてはいけないと思う。しかし世の中は理窟通りに動かぬ場合が多いのである。そこに義理人情の入りこむ隙がある（中略）つまらぬことだと分つていながら、つい、ほだされるのである。だからこれは、よいとかわるいとかいうよりも、やむを得ない現実に押されての諦めであり悟りであるとも見られる。私は、だまされることを誇りとしたり、奨励したりするのではない。同じ後味のわるさといつても、だました方とだまされた方では大きな開きがあるだろう。だまされることは本質的に云つて不名誉なことではないと思う」

此処《ここ》には、人情家の水準を超越した、人間通、世間通の面目がある。

音楽評論家、遠山一行は、その父の面影を、こう記している。

「父には、とくにこれといった逸話はない。少なくとも、私はしらない。しかしながら、父を平凡な人間というわけにはゆかない。自分の父ではあるが、やはり非凡な人と感じる。（中略）父が、ある程度の財をきずいたのは、私の知るかぎり、驚くべく簡単な方法によるのである。日本の資本主義の成長を信じて、買った株は決して売らない。この簡単な原則を、しかし、父以外のどれだけの人が実行し得ただろうか。これは、やはり非凡なことではないか。／父はしばしば人にだまされた。あれだけ苦労をして来た人なのに、と不思議なことにもおもわれるが、だまされてもぐずぐず言わずに一歩しりぞき、しかもまた、くりかえしだまされた。人がいいともいえるだろうが、その辺には父の独特の考えもあったようである」（「おやじ」『朝日ジャーナル』昭和三十八年十二月十五日号）

遠山元一は、明治二十三年七月二十一日、埼玉県比企郡三保谷村大字白井沼に生まれた。

生家は、いわゆる豪農であったという。

しかし、ほどなくして実家は零落し、元一は十五歳で東京に出て、水野錬太郎の書生になった。

水野は内務参事官、神社局長、土木局長、地方局長を歴任した人物で、寺内正毅内閣で内相を務めた後、朝鮮総督府政務総監に就任した。

戦時中は興亜同盟副総裁を務め、戦後戦犯として逮捕されたが、昭和二十二年に釈放後、ほどなく死去した。

水野は、遠山家の遠縁にあたり、その学費を元一の曾祖父が提供したという行きがかりがあった。当時、水野は内務大臣秘書官を務めており、今の帝国ホテルの宴会口辺りの官舎に住んでいた。

元一は、水野方で玄関番兼書生といった立場にあった。

掃除、洗濯と使い走りが主な仕事だったが、昼間は南佐久間町の私塾に通わせてもらえた。英語はむずかしかったが、漢文と数学は得意だったという。水野は、口の重い、いかにも気むずかしい人だった。

水野はある日、元一に訊いた。

「君は一体、何になりたいんだい……」

元一は、即座に「軍人になりたい」と答えた。

丁度、日露戦争の真っ最中、であった。

水野は、ジッと考えてから、元一の希望を叶えることにした。

翌日、元一は、自分で弁当を拵えて、市ヶ谷の幼年学校に赴いた。

幼年学校の生徒監は、奇遇にも元一の外祖父、鈴木庸行が、比企郡の郡長をしていた時、給仕をしていた大塚源吾という人物だった。

大塚は、苦学して幼年学校に入り、見事、帝国陸軍の将校になっていたのである。

元一は、偶然の符合に驚き、自らの未来が開かれたと思ったが、結局、幼年学校は、受験できなかった。満十五歳という年限を少し越えていたのである。

そんな折、父から電報が届き、実家に帰ってみると、株屋の丁稚になれ、と言われた。気が進まなかったが、官員の家庭の、しゃちほこ張った窮屈さを考えると、まだ、同年配の朋輩と共に働く丁稚奉公の方がましかもしれないと考え、承諾した。

元一は、兜町の半田庸太郎商店に丁稚として入ることになった。元一の遠縁にあたる神田伊三郎が、半田商店と取引していて、前に丁稚を紹介したことがあり、その子が優秀だったので、もう一人、斡旋してくれ、と頼まれたのである。

明治四十年、戦勝景気がすっかり消えた大発会が挙行された。一介の丁稚にすぎない元一ですら、悲壮な心持ちで大発会に挑んだが、相場はかなり堅調だった。

黒の紋付に羽織袴、指に数カラットというダイヤを嵌《は》めた相場の王者、鈴木久五郎が買いまくっていた。

ある日、半田商店に鈴久がやってきた。丁稚たちを集めて、毎日、百円、百五十円と上げる相場が来るぞ、と豪語した。

しかし、鈴久の栄華は短かった。

一週間後、突然、株式市場は暴落に転じたのである。空売りを浴びせられて、鈴久は、一文無しになってしまった。

兜町の英雄の末路を見てしまった元一は、株の恐ろしさが身に沁みた。

以降、元一は、大きな相場を張ることはなかった。

明治四十四年、元一は、半田商店を辞めて、市村商店に移ることになった。

事の顚末には、以前から患っていた盲腸が関わっている。七月の暑い盛り、盲腸がいよいよ激しく痛み、元一は駿河台の山龍堂病院に担ぎ込まれた。

体質のためなのか、なかなか麻酔が効かず、手術は、四時間半に及んだ。母の美以は、手術の次第を報告し、忙しいなか仕事を休んだことを支配人の半田貞三に詫びにいった。

半田は、手術の首尾を訊ねることすらせずに、元一は生意気で、怠け者で、人付き合いが悪い、などと罵詈雑言を浴びせた。母を侮辱された元一は、半田を辞め、市村商店に移ったのだった。

市村は、いわゆる「才取り」の店だった。

「才取り」とは、証券取引所の市場での売買を媒介して、売買注文の付け合わせを行う、小規模の証券業者のことである。

市村商店は、主人の市村と元一の二人きりだった。

元一が、「才取り」で稼ぎ、市村が事務を司る、という営業形態だったけれど、もともと丈夫ではない元一は、たびたび病臥した。

元一が働きにでなければ、市村も困るのだが、気の弱い、小心の市村は、はっきり不平を言うことができない。

元一は、市村商店を辞めて、代りに親友の松崎九一郎を紹介した。

ようやく健康を取り戻した元一は、平沢商店に勤めることになった。

平沢という人は、生馬の目を抜くという兜町では、場違いという程人がよく、元一に言わせると、「日本一の好人物」であった。

ただ、一つ大きな欠点があった。

酒が好きで、遊びに行くと、三日も四日も帰らない。

帰らない、というより帰れない。

奥さんが恐くて、帰れないのである。

この奥さんは、とてもよく出来た、優しい人なので、深酒をしたぐらいで怒りはしないのだが、平沢が勝手に怖がって、逃げ回っていたのだ。その有様もまた、好人物ならでは、という味があった。

平沢は病弱の元一のために、自由勤務、固定給なしで儲けを折半、という好条件を出してくれた。

丁度、第一次世界大戦の好景気の時期で、月に三千円から五千円は、稼げた。

奥さんは、几帳面な人で、毎月、月末に元一を招いて勘定を検《あらた》め、床の間に坐らせて酒肴を出して、御苦労様、と犒《ねぎら》ってくれた。

元一は、酒が呑めなかったが、毎月、実によい気持で仕事をすることができた。

勝った負けたの非情の巷に、礼儀を弁《わきま》え、信義を護り、情誼に厚い市井の人情に触れたことは、大きな財産であった。

数年後、平沢は元一に「もう君は独立した方がいいのではないか」と勧めてくれた。

∴

鎌倉で療養していた元一の母と妹の静子は、いつの間にか、メソジスト教会の美山貫一牧師の元に出入りするようになっていた。

元一は、さして関心をもっていなかったが、二人が教会に通うことについては、特に干渉することはしなかった。

大正二年一月、元一は、人影まばらな鎌倉海岸を歩きながら、人の世の儘《まま》ならなさを噛みしめていた。

弟二人は、まだ郷里に居り、父は老衰し、親戚はほとんどが没落してしまった……。

今、こうして寂しく海岸にたち、切羽つまった現実と差し向かいになると、つくづく自分という人間の頼りなさが沁みてきた。

人は弱い、非力である、という想念が体中に充満してくるようだった。

神に縋《すが》りたい……。

元一は、長年の迷夢から覚めたように、教会に駆け込んだ。

その日の説教は、平岩愃保《よしやす》師の「神はその独子をわれらに賜ふほどにわれらを愛し賜へり」であった。

説教は感動的なものだった。

「私はすつかり神の僕《しもべ》となつて二月四日、美山師の手で受洗した」（『兜町から』）

∴

昭和八年、満州事変以来の好況に乗り、事業は、いよいよ強固となっていた。懸案であった、本宅の建築を元一は、決断した。場所は故郷の埼玉県だった。普請の差配は、弟の芳雄が買って出てくれた。

岩崎家の本邸建築の際にも売らなかったという、薩摩杉をはじめとする銘木を、芳雄は棟梁を連れて買い占めに行った。

敷地三千坪の豪邸の建築費用は、当時の金で六十万円ほどになった。現在の貨幣価値に置き換えると、約百二十億円ぐらいである。

昭和十三年、川島屋証券会社を創業し、十九年には川島屋商店を吸収合併。同年に旧日興證券と合併して社長となった。

∴

昭和二十三年、新証券取引法案が連合軍総司令部の承認を受けた。翌年、ＧＨＱから昭和二十年に出されていた、取引所再開禁止の覚書きの撤回についての声明が発表された。証券取引法の成立に鑑《かんが》み、取引所を会員組織とすることが決定された。同時に同法の運用に当たる証券取引委員会が発足した。委員長は、日本証券取引所総裁、貴族院議員等を務めた証券界の大立者、徳田昴平。元一は理事会議長に収まった。

しかし実際の取引への道のりは遠く、昭和二十四年四月二十日になって、ようやく取引所再開の条件である、三原則が、GHQ証券担当官から提示された。

一、会員は上場銘柄の取引に於いては、すべて取引所で行うこと。

二、取引所における取引は、すべて行われた順序に従い取引すること。

三、先物取引を行わないこと。

五月十六日、証券取引所は立会を再開したが、当時の日本経済は、GHQ経済顧問ジョセフ・ドッジの管理下に置かれていた。

デトロイト銀行の頭取だったドッジは、すでに西ドイツで通貨改革を成功させたという実績を背景に、ニュー・ディーラーたちを無視して日本経済の改造を進めた。

ドイツとは異なり、日本では通貨改革は行わず、単一の為替レートを維持し、均衡財政と健全な通貨政策でインフレを安定させ、アメリカの援助に頼ることなく、輸出国家として自立させる……後世から見れば、ドッジラインはきわめて合理的な政策ではあったが、発足当初、証券取引所は、不振を極めていた。

ところが、昭和二十五年、朝鮮動乱が勃発すると潮目は完全に変った。日本は、アメリカのための一大軍需基地となったのだ。

軍需が伸張するなか、昭和二十五年七月、東証ダウ平均八十五円二十五銭の最安値をつけたが、八月二十二日には百十四円九十九銭まで上がった。

以降株価は、一本調子で上がり、二十八年一月には、四百十四円三十九銭まで高騰した。「株式ブーム」という言葉が、新聞紙面に躍り、今まで株式と縁がなかった、市井の人々が、投資熱に見舞われた。

ここで元一は、一つの発意を抱いた。

アメリカでは、一般の市民が、日常的に株式投資を行っている。すでにアメリカの証券会社は、大衆による投資に基盤を置かなければ、経営が成りたたない状況である。

いずれ日本も、アメリカと同じように、国民大衆に基盤を置かなければ、証券会社は存続できなくなるだろう。

元一は、戦後初めての米国証券市場視察団を結成した。山一證券の小池厚之助、野村證券の平山亮太郎、丸万証券の武田正三といったお歴々がアメリカに渡った。

昭和二十七年に日興證券の会長に就任し、三十九年に退くまで、戦後の日本の証券業界の近代化に尽力し、「遠山天皇」と呼ばれた。

∴

元一は、自らについてこう語っている。

「若いときから随分やさしかつたと、自分では思つている。それに、『近頃はおだやかになりましたねえ』と人がいうのである。そのへんのことがどうもよくわからない。自分で考えることと、人の見る眼とでは喰い違いがあるらしいのである。どちらかというと世間の見る眼の方が正しいとしなければなるまい。そこで私は、かなりの気まま者であつたとも思われる」（同前）

セルフイメージと、世間の見方のずれを気にしながら、さして悩む様子もなく、「私は気ままだ」ということにして、すました顔をしている。この、あくまで真面目なのに、どこか惚《とぼ》けた味わいが、元一の真骨頂だろう。

「煙草は若いときから全然やらなかつた。酒もほとんど嗜まない。別に克己抑制してきたわけではない。幸か不幸か、そういうものの味も分らず、必要も感じなくて今日まで過して来た。考えて見れば殺風景に無趣味な男ということになる。仕事一図、商売一図にわき眼もふらずやつて来たのは、主としては境遇上のせいであつたかも知れぬ。習い性となつて、それはそれなりに大した不自由も感ぜず、さしてヒガミもせずに今日まで押し通して来たわけである。／自分がそうだからといつて、誰にも同じ型を求めようとは思わない。人なみの苦労をして来たから、世間的には『思いやり』も『察し』も十分にきくつもりでいる。ただ『近頃はおだやかになりましたねえ』と云はれることによつて、これまでは随分はげしく我武者羅なこともあつたかと、それとなく反省させられるのであるが、心の底では今もなお『若い頃はやさしかつた』と思い込んでいるのだから、身勝手な気ままの蟲は死ぬまで治らないかも知れない」（同前）

「おだやかになりましたねえ」と声をかけられて、そんな乱暴な時期があったのかしら、と半生を顧みながら、それでも、若い時だって自分は優しかったのだ、と思い込もうとする、自負を漲らせながらの自己問答が、何ともこの人らしい。

∴

昭和四十七年三月、遠山元一は、療養先の神奈川県吉浜の別荘から、新宿戸山の国立第一病院（現国際医療研究センター）に移送された。

春から夏へと療養は長引いた。

八月九日は、台風が過ぎ去った後の美しい青空が見えたという。

病窓から、空を見た元一は、「今日は、気分がいいから、髭を剃るか」と言った。

その数分後に事切れた。

死因は、心不全。

信仰に、身を捧げた人物にふさわしい、安らかな臨終だったという。

ポール・ゲティ

Jean Paul Getty

1892-1976

ポール・ゲティは、チャーチル内閣の航空機生産大臣として、バトル・オブ・ブリテンを指揮したマックス・エイトケンの言葉、「人生には私の指定席があらかじめ用意されていたのではなかったか。いつもそんな気がしている」への共感を端的に示している。

「マックスのことばは、人生の不公平をずばりとえぐり出している。能力の差、不思議な力、あるいは偶然が左右しているとはいえ、いかにも人生に予約席を買って生まれたかのように見える人々がいる。もし、それが事実だったら、当人が自分の特別席に罪悪感を抱いたり、立っている人にきがねしたりすることは、馬鹿げた時間のむだにちがいない」(『石油王への道』J・ポール・ゲティ、青木栄一訳)

一九〇三年、ポールが十一歳の時、父親であるジョージ・F・ゲティの資産は、二十五万ドルあったという。父親は弁護士だった。

依頼人の求めに応じ、アメリカ先住民居留地のバートルズビルに出張した際、同地は石油ブームで沸き立っていた。

父は、裁判に勝った引き替えに「石油熱」につかれてしまった。

千エーカーに及ぶ土地の採掘権を買うと、『ミネホマ石油』を設立したのである。

三年間、父の事業は順調に推移した。

十六歳になったポールは、父に採油所で働かせてほしい、と頼んだ。

「いいとも。ただし下積からやる気ならばな」

父は、雑役作業員から叩き上げるならば、雇ってやる、というのだ。

ポールは、父の条件を受け容れた。

雑役作業員は、油田で一番厳しい仕事で、体中が油まみれになる。それなのに十二時間労働で、日給は三ドルだった。

自分の息子だからといって、特別扱いしない、というのが父の流儀だった。

ポールは、金持ちの跡取り息子として、不自由なく暮らしてきたというのに、現場での生活や粗末な食事に、すぐに慣れたという。

ポールは、カリフォルニアの大学に通いながら、休暇中は油田で働いた。

一九一二年二月から九月まで、ポールは中国と日本を旅した後、イギリスに赴き、オックスフォード大学に留学した。

帰ってきた息子に、父は尋ねた。

「これから、どうするつもりなんだ」

オックスフォードで学び、外交官の道を志したい、とポールは答えた。

老獪な父はこう提案した。

「外交もいいが独立して採掘をしてみないか。一年やってみて、嫌だったら外交官になればいいだろう」

父は月百ドルを支給し、ポールは、石油が出そうな場所を探す。採掘権購入費と採掘の資金は、父が負担する、という条件だった。

ポールは、ポンコツのT型フォードを買い、オクラホマを端から端まで走った。

ようやく、見込みのありそうな油田を見つけた。

銀行に勤めている友人に頼んで、入札に参加するふりをしてもらった。地元の業者は、みな入札を諦め、ポールは五百ドルで、権利を手にした。

会社が設立され、試掘が始まった。

人生で、最も長く感じられた一ヵ月をポールは体験した。

「最初の油井が成功したときの感激は、ことばでは言い尽せない。といっても、その後回を重ねるにつれて、感慨が薄れたというわけではない。これは、ほとんど金銭では説明がつかない感情だった」(同前)

この「成功」から、ポールは多くを得た。

有利な条件で採掘権が入手できるようになり、ボーリング（掘削）はあいついで成功した。

ポールは、これで十分だ、と思い、石油事業から手を引いた。

ポールは、外交官になるのをやめ、パイロット訓練生に志願した。

アメリカ陸軍の「航空隊」の一員になろうと考えたのである。後年、ひどい飛行機恐怖症を抱えることになるとは、この当時、本人も知らない。

そして、第一次世界大戦が勃発した。

ポールは、陸軍省に志願者としての登録を求め、登録は行われたけれど、パイロットとして召集されることはなかった。

大戦が終結した後、結局、ポールは、石油ビジネスに戻ってきた。

当時、南カリフォルニアは、有望な原油産地として注目を集めだしていた。

「海岸や丘やオレンジ畑に掘削やぐらが立つのを見ると、その熱がふたたび上昇し始めた。他人が石油を噴き出させているというのに、私はシャンペンの栓を抜いているにすぎないではないか。こんな毎日にいや気がさし始め、ついに耐えられなくなってきた。／そこで、引退生活と決別した。／父はなにもいわなかったが、非常に喜んだことは、態度からわかった」（同前）

再開した事業は、初め頓挫した。

業者を信じすぎたのが、失敗だった、とポールは語っている。

しかしその後、カリフォルニア、ニューメキシコ、オクラホマで、成功を収めた。

父との共同出資にしろ、自己資金にしろ、掘削作業は全て自分で監督することにした。

現場では作業員たちと働いた。

二十四時間働くことも、珍しくなかった。

七十四時間、休みなしで働いたこともあったという。

「〝ボス〟が掘削装置のことを知っていて、必要とあればドリルの刃までとげることがわかれば、作業夫たちはそのボスを完全に自分たちの仲間の一員と見なした」(同前)

ポール・ゲティは、五回結婚し、五回離婚した。

「父は、離婚することにはいつも反対だった。父の生存中、私は三回結婚し、二回離婚した。父の死の直前、三回目の結婚もすでに破綻を迎えていた。父の意見によれば、私が無責任すぎるというのだ。／母は、私が四回失敗したあげく、五回目の結婚をするまで生きていた。母の意見だと、あまりにも年下の女と結婚したのが間違いだったという。たしかに、相手はいつも私より十歳から二十歳は年下だった」(同前)

母の言葉は正しいと認めたものの、ゲティにもそれなりの言い訳はあった。彼は三十一歳まで独身だったために、同年配の女性たちはすでに既婚者になっていたから、どうしても若い女性を娶らなければならなかった、というのである。

最初の妻、ジャネット・デモントは、美しい黒髪をたくわえた、活発な美女だった。

知り合って間もない、一九二三年十月、ゲティは、ジャネットとカリフォルニアのベンチュラに駆け落ちした。

ロサンゼルスのウィルシャー通りに、家を借り、新婚生活を始めた。ジャネットは妊娠し、男の子――ジョージ――を産んだ。

ポールは、家庭を設けたものの、仕事のスタイルを崩すことはなかった。カリフォルニアやオクラホマ、ニューメキシコの油井を廻り、現場の技術者たちと議論した。油井の掘削が始まれば、泊まり込みで工程を管理した。「所帯を持ったからといって、これまでの生活を変えることはできない」というのが彼のモットーだった。

ポールは強い性格の持ち主だったが、ジャネットも、強い女だった。

「結婚生活」の理想に忠実で、夫婦とは、かくあるべきだ、と思い込んでいた。

しかも、大変に嫉妬深かったのである。

レストランなどで、ポールが女性に挨拶をするだけで、ジャネットは、不機嫌になった。

「今、あなたが手を振ったブロンドのあばずれは、あなたとつきあっていたんでしょう」と柳《りゅう》眉《び》を逆立てた。

ポールは、納得できるよう事情を話したが、説明すればするほど、ジャネットは不機嫌になった。

ジョージが生まれてから二ヵ月後、ジャネットは家を出て離婚訴訟を起こした。

一九二五年二月十五日に離婚は成立した。

結婚生活は、一年半で終わった。

二番目の妻、アリーヌ・アシュビーとは、メキシコ大学の夏期講習――スペイン語とメキシコ史——で知りあった。

アリーヌの父は、牧場を経営しており、アリーヌは、乗馬が得意だった。

ポールは、アリーヌと遠乗りを楽しんだ。

アリーヌは、若く分別を欠いていたが、その初々しさに、ポールは夢中になり、車に乗ってクエルナバカに行き、二人だけで式を挙げた。

二週間たたないうちに、二人は後悔するはめになった。

メキシコでのエキゾチックな日々から離れてしまうと、二人の間には共有できるものが何もなかった。二人は別居してアリーヌは離婚訴訟を起こし、離婚に至った。

一九二八年、ポールは、ウィーンを再訪した。第一次大戦前の輝きは失われていたが、ウィーンのグランド・ホテルは、大戦前と変わらないサービス、食事、そして葡萄酒を提供していた。

ある晩、ポールは、若い二人の女性が、かなり年上の夫婦とテーブルを囲んでいるのを見た。二人とも美人だったが、亜麻色がかった金髪の娘から目を離すことができなかった。

ウェイターにチップをはずんで、金髪女性の素性を教えてもらった。

「アドルフィーネ・ヘルムル嬢でございます」

父親のオットー・ヘルムルは、ドイツのカールスルーエのバーデンブルク工業という会社を経営しているという。

ウェイターを通じて、ポールは二人を招待した。

ボーイが、勘定をポールではなく、アドルフィーネに付けてしまうという失態もあったが、そのお蔭で、両者の距離は、かなり近くなった。ポールは、アドルフィーネとの結婚を両親に申し入れた。

両親は拒絶した。

年が娘の倍近く上であることと、父親の国粋主義——娘をアメリカ人にしたくない——が障害になったのだ。

ポールは諦めなかった。フィニー（アドルフィーネの愛称）をハバナに呼び出すと、結婚式を挙げ、彼女を南カリフォルニアの自宅へ連れていった。

フィニーは、ほとんど英語が話せなかった。

ポールの母親は、ついに息子が理想の伴侶を得たと喜んだという。

「ポールの両親は、私を実の娘のように思ってくれました。私は両親を愛していました。ポールの両親も、私を愛してくれたと信じています」（同前）

ポールは、彼の「幸福」を破壊したのは、義父だと主張している。

ヘルムルは、娘はドイツで出産すべきだ、と強硬に主張した。フィニーも両親を裏切ったという罪悪感にかられ、ドイツに行くから一緒に来てくれ、とポールに懇願した。

当時、ポールの父親は病床にあり、今日、明日をも知れない状況であった。

ポールは、なんとか父親を看取り、フィニーを追って大西洋を渡った。

大恐慌は、間近に迫っていた。

∴

一九七三年七月十日。ポールの孫であるゲティ三世が、ローマで誘拐された。

当時十六歳だった彼は、ローマのヒッピー・コミュニティの寵児で、その奔放な生活により、パパラッチの絶好の標的になっていたのである。

七月二十六日、ローマ警察が、身代金を払うつもりがあるか、とポールに尋ねた。

「私の返事はノーだったが、それには二つの理由があった。第一の理由は、ほかにもまだ孫が十四人いた。身代金の支払いに応じたら、十四人の孫がいっぺんに誘拐の危険にさらされてしまう。特にローマにいるポール三世の兄弟が心配だった。ローマでは、一九六三年から一九七三年にかけて、わかっているだけでも三百二十件の身代金目当ての誘拐事件が発生していた。内密に誘拐犯人に身代金を払い、警察に届けなかった事件を入れれば、件数はその二倍になるという見方もあった。第二の理由はもっと大局的な立場での考えだった。犯罪者やテロリストの要求に屈するのは、不法行為や暴力の増加、まん延を助長するだけだ、というのが私の意見である」（同前）

誘拐したグループは、四ヵ月たってから、ゲティ三世の耳を切り取って、ローマの新聞社に送りつけてきた。

耳を切り取るほど残忍な連中ならば、人など平気で殺すに違いない——そう考えたポールは、家族会議を開き、犯人に身代金を払うことにした。

身代金は一七〇〇万ドル（約五〇億円）という莫大なものだったが、犯人側の要求額をポールは値切ったといわれている。大富豪にもかかわらず彼は大変なケチだったのだ。

十二月十五日、犯人グループはポール三世を解放した。奇しくも、その日は、ゲティの八十一歳の誕生日だった。

リドリー・スコットはこの事件をもとに映画『ゲティ家の身代金』を撮り、二〇一七年に公開された。

∴

ポールは、美術コレクターとしても、知られている。

コレクションのきっかけになったのは、レンブラントの『Marten Looten』像だった。

かつて『Looten』像は、オランダのコレクター、アントン・W・メンジングが所有していた。

メンジングは、祖国の至宝を守るべく、二十万ドルを払ったという。

メンジング・コレクションが売りにだされると、ゲティは、オランダの画商に連絡をとり、十万ドルまで入札してくれ、と依頼した。

『Looten』像は、六万五千ドルで落札した。

ポールは狂喜したが、その後、ちょっとしたトラブルに見舞われた。

オランダで『Looten』像を買い戻すための国民運動が繰り広げられたのである。

しかし結局、オランダ国民は、買い戻すだけの金を積むことができなかった。

ポールのコレクターとしての勘はたいしたものだった。

二百ドルで、サザビーズ（国際競売会社）から購入した絵が、実はラファエロの作品だった。

ローマ郊外のハドリアヌス帝別荘跡近くで発掘されたヘラクレス像を手に入れたこともあった。

この彫像は、ランズダウン侯爵家がずっと保有していたもので、スピンク＆サン商会を介して手に入れた。買値は三万ドルだった。

∴

無声映画時代の大スター、ルドルフ・バレンティノは、ポールの親友だった。

稀代のハンサム俳優は、実は内気で、女性にろくろく声もかけられない男だったという。

イゴール・ストラヴィンスキーも、ポールの友達だった。

この作曲家は金に糸目をつけない、豪勢なパーティを開くことで有名だったが、人一倍怒りっぽかった。

ある晩、呑みすぎた男優が、ハイボールのグラスを、ストラヴィンスキーのピアノの上に置いた。

激怒した彼は、消火器で薬剤を男優の頭にふりかけたという。

華麗な人脈のなかでも、特筆すべきは、ウィンザー公爵とウォリス・シンプソン夫人との交友であろう。

ポールは、自分が五回も結婚と離婚を繰り返したのに比べ、世間から厳しい批判を浴びながら二人が不倫から結婚に至り、三十年以上も仲むつまじく暮らしていることに、賛嘆している。

∴

ポール・ゲティは一九七六年、癌のため死去した。

財産の大半である七億ドルを自分の設立した美術館に寄付したため、遺族は財団を訴えるなど、泥沼の遺産相続合戦が繰り広げられた。

山崎種二

Yamazaki Taneji

1893-1983

残念ながら、私は株券を触ったこともないという人間で——父親は、かなり嵌《は》まっていたが——、投資のスリルも、面白さにも縁はない。

それでも山崎種二を取り上げたのは、山崎という人物が、典型的な、立志伝中の人物であり、また、莫大な財産を持ちながら、美術や学校経営に私財を傾けた人であるからだ。

その人間像の面白さにより、城山三郎が種二をモデルとした『百戦百勝　働き一両・考え五両』を書き、飛車金八や筆内《ふでうち》幸子が、その評伝を書いている。

明治二十六年十二月八日、群馬県高崎在の山崎宇太郎の長男として、種二は生まれた。

祖父の代までは豊かで、百姓ながら名字帯刀を許されていたというが、秩父騒動で家産を失い、宇太郎は水呑み百姓になってしまった。

種二は、生まれつき体が大きく、算《かぞ》えで九つの頃、九文（約二十一・六センチ）の足袋を穿いていたという。

十一歳から畑に出て、養蚕を手伝い、道普請で稼いだ。そのため年の半分しか学校にいけなかった、という。

その上、東京に出ていた伯父たちが、大きな借金を作ったために、田畑を差し押さえられてしまった。

結局、米問屋を経営していた、父の従兄を頼って、明治四十一年十一月二十八日、種二は上京した。

上野駅に着いた時、種二が一番驚いたのは、いろとりどりの、見たこともない果物が、店頭に並んでいたことだったという。

食べてみたい、と思ったけれど、懐には八十六銭しかなかった。

「私は生馬の目を抜くという東京にきて、ほとんど無一文から出発した」と、その自伝（『私の履歴書　経済人1』）に記している。

∴

種二は夕方、深川の山崎繁次郎の回米問屋・山繁にたどりついた。

店では丁度、渋沢篤二を招いて、義太夫の会が開かれていた。

篤二は、父栄一から後継者の指名を受けていたが、放埒な生活を続け、名門出の妻を顧みず、芸者との生活を選んだため、栄一によって廃嫡されてしまったという人物である。

繁次郎は、かつて、渋沢倉庫に勤めており、その時、世話になった篤二の恩に報いるために、義太夫の会を催したのである。

会では寿司が出たが、生の魚を食べたことがなかった種二は、海苔巻きばかりを食べたという。

種二にとって、東京は、天国のような場所だった。

「店へきた翌日から、朝はみそ汁にちょっとしたおそうざいで、米のメシが腹一ぱい食べられる。昼は煮魚が一切れつく。夜はそうざいと煮魚を出してくれる。ほかの小僧は、なんとかかんとかいっていたが、私にとっては、盆と正月が一度にきたようなご馳走であった」(同前)

しかも月末には給料が、主人から渡された。初任給は、八十銭だったという。米一升が十六銭という時代だったから、住み込みの小僧さんとしては、それなりの給料をもらっていた、と考えていいだろう。

当時、繁次郎の店は、深川佐賀町、油堀川から千鳥橋、緑橋、元木橋に囲われた辺りで、二階建ての事務所と米倉が二棟、向かいあわせに建っていた。正米取引所から、至近という場所である。

堀端には何十軒という米倉がひしめいていた。深川には、一年で五百万俵という米が集まって、東京市民の胃袋の七十パーセントをまかなっていたのである。

∴

山繁に来て二年目、種二は旦那からお仕着せを二揃いもらった。

よく働いてくれるからな、と旦那は、目を細めて種二をいたわった。

種二は、給与はすべて貯金し、朋輩と遊ぶこともなかった。山崎の家を建て直さなければならない、という志があったのである。

倉庫番をしていた時、床を掃除していると、米が沢山零《こぼ》れていることに気づいた。

「もったいないな……」

出来の悪い米俵や、一重なのに五斗も詰め込んだ俵があって、どうしても、運搬している間に米は零れてしまう。

考えた末、種二は、旦那に相談した。

零れた米で、ニワトリを飼いたいんですけれど。

種二を買っていた旦那は、即座に許した。

倉のなかにニワトリを放しておけば、自然と米を食べる。ニワトリは五羽から始めて二十羽になり、毎日、卵を産んだ。一個、一銭で売りさばいた。

米倉には、鼠もいた。

鼠は、ペストを媒介するとされ、交番に鼠をもっていくと、二銭くれた。

卵が一個一銭。

鼠が一匹二銭。

その金を貯めて、種二は、米相場に手をだした。

米相場の勘を養うため、として山繁の店員は、無茶、無理をしないかぎり、相場に手を出すことが許されていたのである。

根気よく貯めた金で、相場を張ることは、種二にとって、何にもまさる「勉強」となった。

「働き一両、考え五両」という言葉は、種二のモットーとして、ひろく知られているが、その出発点が、自らの元手を張っての、投機だったのである。


大正九年二月十七日、山崎種二は、萩原ふうと結婚式を挙げた。

種二のプロポーズに対して、ふうは、柿をむきながら頷き、釘を刺した。

——あなたは、今、お米屋さんで働いてらっしゃる。あなたに娶っていただくのはよいけれど、いつまでも今のままでは、嫌ですわ。ただのお米屋さんの奥さんには、なりたくありません……。

ふうの祖父、山口六平は、新島襄《にいじまじょう》の薫陶を受けたクリスチャンであり、娘二人を神戸女学院に通わせ、長男六兵衛を同志社に入学させている。

山口家は、かつては真田街道一番の豪商といわれて、蔵を四十棟も抱えていたというが、当主の六平が損得を考えず、公共事業のために家産を傾けたため、山口家は破産同様の身になってしまっていたのである。種二は、山口家の建て直しを担うことになったのだった。婚礼は、芝の紅葉館で行われることになった。原敬率いる政友会の面々が、夜ごと集う、東京一の料亭であった。

しかし、婚姻の三日前、椿事がおこった。外米の不正取引の疑いで主人の二代目が警察から呼び出しを受け、代わって出頭した種二が勾留されてしまったのである。

この一件のきっかけとなった、いわゆる『鈴弁事件』は、大正世相史のなかでも、ひときわ大きな事件であった。

なにしろ犯人が、農商務省の現役米穀担当技官の山田憲、被害者は横浜の大手外米輸入業者鈴木弁蔵だった。

鈴木は、山田のもたらす情報をもとに、大きく相場に賭けており、山田は職権を濫用して鈴木から借りた金で相場を張っていた。

結局、山田は相場で大失敗をし、鈴木は用立てた資金の返済を執拗に要求していたのである。山田は鈴木老人を呼びだし、野球のバットで撲殺した後、死体を切断し、トランクにいれて捨てた。

鈴弁事件を担当したのは、警視庁監察官の正力松太郎だった。正力は、外米輸入にあたって、官民の不正があると睨み、大手の米穀商を片端から拘引していった。

山繁では、二代目が頼りないため、種二が警察に出向いて説明に努めたが、結局、留置場送りになってしまったのである。

二晩、留置場で過ごした後、種二は釈放された。担当検事は一言、つけ加えた。

「政府の指定商人としての山繁商店の営業と利益は、店と主人のものだ。その責任者である主人が出頭しないというのは可笑しいのではないか……」

うちの二代目は、まったく頼り甲斐がない人なのです、とは口が裂けても言えない種二は、ただ頭を下げるばかりだった。

婚礼は、一日遅れでとり行われた。

二人の両親をはじめとして、親族から商売上のつきあいが集って、賑やかな婚礼となった。

ふと気づくと、種二がいない。皆で探すと、種二は、下足を整えていた。

すべての来客の顔を知っているのは、自分だけだからと、種二は言った。

∴

所帯をもってから、一月目の大正九年三月十五日、年来から騰勢を維持していた東京株式取引所（東株）は一転して、売り一色になった。有力株式がセットになった新東は、四百八十円から四百円に暴落、米相場も石五十五円から三十円に落ちた。

長い間、好景気を享受していた相場関係者は、楽天的な見方を崩さなかったが、四月七日、大阪北浜の大暴落が伝えられると、有力株の代表である新東は、半値まで下げ、証券取引所は二日間の立会中止を余儀なくされた。

立会再開に際して、東株の理事長、郷誠之助は、原敬総理や井上準之助日銀総裁に依頼し、緊急の救済資金を懇請した。

日銀の融資額は数千万円にのぼり、市場が平常に戻ったのは、五月の半ばだった。

種二も、大きな損害を蒙った。

初めて経験した、修羅場である。

追加証拠金に追いこまれて、こつこつと貯めた財産を一挙に吐き出さなければならず、ついには姿をくらまして逃げ回る羽目になってしまったのである。

金策に追われ、新婚生活は、マイナスからの出発となった。盆暮の賞与を前借りして、生活するという為体《ていたらく》だった。

ところが妻のふうは、何一つ、文句らしい文句も言わず、嵐が通りすぎるのを待ちながら、気丈に所帯を支えてくれた。

∴

大正十三年七月三日、種二は、自前の店をもった。回米問屋山崎種二商店を、開業したのである。

先代の山繁が亡くなり、二代目を嗣《つ》いだ息子は、もともと学者志望だった。

とりあえず跡取りにはなったものの生き馬の目を抜く商売の世界で、人に伍して渡り合えるような人物ではなかった。しかも神経質で、大手米問屋の岩崎清七の娘と結婚したものの、すぐに離縁してしまっている。

二代目には、かなりの財産があり、安楽に暮らすことができる境遇だった。

当時、山崎は、山繁の四番番頭だったが、先輩の番頭たちは、みな独立して去った。

先代の山繁が、渋沢倉庫の総支配人の地位をなげうって独立したのが、勤め始めて十六年の時で、山崎もちょうどその年限に近づいていた時だった。

問屋とはいうものの、敷地は十二坪、建築費が千五百円、資本金三万円の個人商店である。山崎と、妻のふう、そして長男の雄二と、女中に小僧さんという、慎ましい暮らしであった。

それでも、ついに種二は一国一城の主となったのである。

種二は、「ケチ種」と呼ばれていた程のしまり屋だったが、金を投じる時には思い切りがよかった。

徴兵検査で帰郷した際、高崎の鏑川《かぶら》で川止めにあったという。その時、橋があれば、皆が不自由しないのに、と思った。

昭和五年の金解禁相場で大儲けしたので、宿願を果たし、星川橋と塩畑堂橋を架け、その道を県道にしてもらい、当時、内務大臣だった安達謙蔵に開橋記念の碑文を揮毫してもらった。

自ら架けた橋に、後年種二は助けられる。

太平洋戦争のさなか、荷物を疎開する時、家財道具と美術品を積んだトラックで、塩畑堂橋を渡ることができたのである。

昭和六年、種二は、兜町と麹町三番町に、土地を買った。独立してから、十年間は建築しない、と種二は決めていたという。

そうして、建築資材を扱っている会社の株を買った。鉄筋建築には丸棒が必要なので、日本鋼管の株を買い、セメントのために浅野セメントという具合に、日立、東京電燈と株を買っていた。

買っておいた株の利食いが案に相違して大きかったので、十年待つことはせず、三年目に店と住居を同時に建てた。

店舗は五階建ての総大理石で、自動エレベーター付きだった。当時、自動エレベーターを備えたビルは、少なかったという。

三番町の家は、総檜造りで「御殿」と呼ばれる程、豪奢だった。坂道の道路に沿って石垣を築き、門は観音開きの冠木門《かぶき》、車寄せまで玉砂利の道、大型自動車二台が入るガレージもあった。

種二は、住まいであれ、店舗であれ、建築をする時には、必ず、評判のいい建物を見学して、勉強したという。種二が東京で一番いいと思っていた建物は、服部時計店（現在の和光）だった。

昭和八年、米は大豊作だった。

農林省の荷見《はすみ》安《やすし》米穀部長は、米価の暴落を防ぐために、必死で米を買い上げた。

当時、農業関係の倉庫はほとんどなかったのだが、政府は倉庫の容量を顧慮せずに買い続けたのである。

山崎種二は、荷見部長に面会を申し込み、米をどこに収容するのか考えてほしい、と申し入れたが、部長の返答は「そんなことは、米を売る者が考えればいいだろう」という、木で鼻をくくったような言葉だった。

種二は、考えた。

倉庫を確保すれば、大儲けできる。米を買うより、倉庫を買った方が儲かる……。

種二は半年分の倉庫代を前払いして、東京と横浜の倉庫を「借占め」した。

新米が収穫され、全国から米が送られてきた。秋葉原の駅も、隅田の駅も、米がぎっしり詰まった貨車で溢れていた。東京のみならず、横浜も、神戸も同様の有様であった。

米は届いたが、回米問屋は倉庫がない。倉庫がないから、米を買うことができなかった。

米相場は、倉庫を押さえていた種二の独壇場となったのである。

昭和十年、イタリア＝エチオピア戦争が起こった。株の世界では、「遠くの戦争は買い」というジンクスがあるという。

だが山種は、相場は過熱していると見て、手持ちの雑株を売り始めた。

株価は一向に下がらない。

山一證券の太田収社長が、徹底的な積極策に出ていたのである。太田は、証券業界には珍しい、帝国大学法学部卒だった。

種二は、太田の攻勢で追い込まれ、追証はかかる、短期の更新費用はかさむ、という悪循環に追いこまれ、売り玉を買い戻した。

昭和十一年二月二十六日、大雪が降った。

ラジオをつけると、何かとんでもない事件が起きたらしい。

竹橋の手前で、陸軍の将校に止められ、赤坂の連隊まで乗せろ、と命令された。

仕方なく種二は赤坂まで将校を送り届けた。三宅坂から堀端を望むと、機関銃が配備されている。

社に着いて、事件のあらましを知った。

東京株式取引所は、立会を休止している。

三月十日に再開された市場は、一転して大暴落となった。種二は、暴落で五百万円の利益を得たという。ビルも家も手放さざるを得ない、という状況だった種二は、大ピンチを好機に変えたのである。

この件には付録があった。

種二が、決起部隊に関係している、という投書が、憲兵隊に沢山届いたのである。

商売仇の恨みは恐ろしい……。

帳簿の取り調べを受けて、嫌疑は晴れた。

∴

種二は、日本画のコレクターとしても知られている。主人の山繁が、絵画好きだったため、その影響を受けたのだ。

独立して、住居兼用の店を建てた時、骨董屋から酒井抱一の絵を買って、おおいに得意だったという。

ところがこの絵は偽物だった。

古いものは鑑定が難しい、ということで新画をもっぱら買った。

横山大観や川合玉堂、小林古径といった超一流株を手に入れると、今度は成長株に手をだした。狙ったのは、速水御舟。御舟は、今日、日本屈指の高価な日本画家になっている。

そのコレクションの多くは現在、東京の広尾にある山種美術館で見ることができる。

昭和十五年、種二は、練馬中村橋の、富士見女学校の経営に参画した。

大正十三年に創設された女学校で、三条西信子が名誉校長だった。信子は香淳皇后（昭和天皇の皇后）の妹である。

種二は、理事長に就任し、校舎を修復した。

戦後の昭和二十九年には校舎を新築した。日本で初めての円形校舎だった。「円い校舎で円い教育をし円い人格を養う」ためだという。

参考文献

『クルップの歴史　上』『クルップの歴史　下』ウィリアム・マンチェスター、鈴木主税訳（フジ出版社）
『ノーベル伝』エリック・ベルイェングレン、松谷健二訳（白水社）
『日本を創った男たち』北康利（致知出版社）
『大倉喜八郎の豪快なる生涯』砂川幸雄（草思社文庫）
『鯰　大倉喜八郎』大倉雄二（文春文庫）
『致富の鍵』大倉喜八郎（大和出版）
『石油の世紀（上）』『石油の世紀（下）』ダニエル・ヤーギン、日高芳樹・持田直武訳（日本放送出版協会）
『タイタン（上）』『タイタン（下）』ロン・チャーナウ、井上廣美訳（日経BP社）
『渋沢栄一翁』白石喜太郎（刀江書院）
『明治を耕した話』渋沢秀雄（青蛙選書）
『渋沢栄一滞仏日記』日本史籍協会編（東京大学出版会）
『雨夜譚　渋沢栄一自伝』長幸男校注（岩波文庫）
『日本を愛したティファニー』久我なつみ（河出書房新社）
『高峰譲吉の生涯　アドレナリン発見の真実』飯沼和正・菅野富夫（朝日選書）
『堂々たる夢　世界に日本人を認めさせた化学者・高峰譲吉の生涯』真鍋繁樹（講談社）
『吾輩は猫である』夏目漱石（岩波文庫）
『御木本幸吉』大林日出雄（吉川弘文館）
『ヘンリー・フォード自伝　藁のハンドル』ヘンリー・フォード、竹村健一訳（祥伝社）
『逸翁自叙伝』小林一三（図書出版社）
『小林一三翁の追想』（小林一三翁追想録編纂委員会）
『岸信介の回想』岸信介、矢次一夫、伊藤隆（文藝春秋）
『小林一三全集　第六巻』（ダイヤモンド社）
『ピカソ　偽りの伝説（上）』『ピカソ　偽りの伝説（下）』アリアーナ・S・ハフィントン、高橋早苗訳（草思社）
『私の履歴書　経済人1』（日本経済新聞社）
『五島慶太』羽間乙彦（時事通信社）
『七十年の人生』五島慶太（要書房）
『東急外史』（東急沿線新聞社）

『私の履歴書　経済人26』（日本経済新聞社）
『映画百年』読売新聞文化部編（キネマ旬報社）
『シャネル――人生を語る』ポール・モラン、山田登世子訳（中公文庫）
『カンボン通りのシャネル』リルー・マルカン、村上香住子訳（マガジンハウス）
『巨怪伝　正力松太郎と影武者たちの一世紀』佐野眞一（文藝春秋）
『正力松太郎　悪戦苦闘』正力松太郎（日本図書センター）
『十二階崩壊』今東光（中央公論社）
『谷崎潤一郎全集　第一巻』『谷崎潤一郎全集　第二巻』『谷崎潤一郎全集　第十四巻』『谷崎潤一郎全集　第二十巻』『谷崎潤一郎全集　第二十一巻』『谷崎潤一郎全集　第二十三巻』『谷崎潤一郎全集　第二十四巻』（中央公論新社）
『伝記　谷崎潤一郎』野村尚吾（六興出版）
『荷風全集　第七巻』永井壮吉（岩波書店）
『折口信夫全集　第二十七巻』（中央公論社）
『現代日本美術全集12　梅原龍三郎』（集英社）
『私の梅原龍三郎』高峰秀子（文春文庫）
『新潮45』一九八八年四月号
『中川一政全文集』中川一政（中央公論社）
『銀座画廊物語』吉井長三（角川文庫）
『［書簡集］梅原龍三郎先生の追憶』岡村辰雄（岡村多聞堂）
『されど彼らが人生　新忘れられた日本人Ⅲ』佐野眞一（毎日新聞社）
『当世畸人伝』白崎秀雄（新潮社）
『小説新潮』一九五九年二月号
『チャップリン自伝』チャールズ・チャップリン、中野好夫訳（新潮社）
『兜町から』遠山元一（牧野書店）
『朝日ジャーナル』昭和三十八年十二月十五日号
『石油王への道』J・ポール・ゲティ、青木栄一訳（講談社）

本書は、『週刊現代』二〇一二年九月八日号～二〇一五年八月十五・二十二日合併号に連載された「蕩尽の快楽　世界大富豪列伝」を構成し直したものである。

福田和也（ふくだ かずや）

1960年、東京都生まれ。批評家。慶應義塾大学環境情報学部教授。慶應義塾大学大学院修士課程修了。1993年『日本の家郷』で三島由紀夫賞、1996年『甘美な人生』で平林たい子文学賞、2002年『地ひらく　石原莞爾と昭和の夢』で山本七平賞、2006年『悪女の美食術』で講談社エッセイ賞を受賞。著書に、『福田和也コレクション1　本を読む、乱世を生きる』、『教養脳　自分を鍛える最強の10冊』ほか多数。

世界大富豪列伝《せかいだいふごうれつでん》　19－20世紀篇《せいきへん》

2021年9月7日　第1刷発行

著者　福田和也《ふくだかずや》
装幀者　水戸部 功
発行者　藤田 博
発行所　株式会社草思社
〒160-0022
東京都新宿区新宿1-10-1
電話　営業 03（4580）7676
編集 03（4580）7680
本文組版　株式会社アジュール
本文印刷　株式会社三陽社
付物印刷　株式会社暁印刷
製本所　加藤製本株式会社

造本には十分注意しておりますが、万一、乱丁、落丁、印刷不良などがございましたら、ご面倒ですが、小社営業部宛にお送りください。送料小社負担にてお取替えさせていただきます。

ISBN978-4-7942-2518-4　Printed in Japan　検印省略